MILOSLAV VLK
REIFEZEIT

Miloslav Vlk

Reifezeit

Dietlinde Assmus im Gespräch
mit dem Erzbischof von Prag

VERLAG NEUE STADT
MÜNCHEN · ZÜRICH · WIEN

Ein Buch aus der Reihe:
Theologie und Glaube

Die Deutsche Bibliothek – CIP-Einheitsaufnahme

Vlk, Miloslav:

Reifezeit : Dietlinde Assmus im Gespräch
mit dem Erzbischof von Prag / Miloslav Vlk.
– 1. Aufl. – München ; Zürich ; Wien : Verl. Neue Stadt, 1994
(Theologie und Glaube)
ISBN 3-87996-308-8
NE: Assmus, Dietlinde:

1994, 1. Auflage

Umschlagfoto: Jan Smit
Umschlaggestaltung und Satz: Neue-Stadt-Graphik
Druck: MZ-Verlagsdruckerei GmbH, Memmingen
ISBN 3-87996-308-8

Vorwort

Gerne entspreche ich der Einladung des Verlages, dem neuen Buch des Prager Erzbischofs ein kurzes Vorwort auf den Weg mitzugeben. Der sehr persönliche, lebensnahe und berührende Bericht über den eigenen harten Lebensweg erhält durch den äußeren Rahmen von gezielten Fragen und ausführlichen Antworten eine besondere literarische Form. Eine solche Veröffentlichung möchte ich daher zu den „Confessiones" in unserer Zeit zählen, als eine neue Art, für den Glauben Zeugnis abzulegen.

Mit diesem Hinweis möchte ich aber auch meiner Wertschätzung Ausdruck geben – nicht nur dem bischöflichen Autor, dem ich als österreichischer Nachbar durch gemeinsame Interessen, durch eine gemeinsame Zeitgeschichte und Liebe zur Kirche in Freundschaft verbunden bin, sondern auch allen seinen Landsleuten, die in den vergangenen Jahrzehnten für ihren Glauben im Gefängnis gelitten haben und gestorben sind. In diesen „Bekenntnissen" des Prager Erzbischofs sehe ich ein Geschenk des östlichen und vielgeprüften christlichen Europas an das übrige Europa.

Im Augenblick, wo ich diese Zeilen schreibe, erinnere ich mich lebhaft – wie wenn es gestern gewesen wäre – an eine Begegnung mit Priestern in der früheren Diözese des Erzbischofs, wohin er mich eingeladen hatte, um seinen Seelsorgern über das Zweite Vatikanische Konzil zu berichten. Es waren alles ältere Priester, die auf ihren Posten jahrzehntelang unterdrückt, durch die kommuni-

stische Partei und ihre Staatspolizei vieles erdulden mußten. Der „Jüngste" von ihnen war daher etwa 59 Jahre alt. Alle hatten mittels einer Simultanübersetzung aufmerksam zugehört. Ich selbst aber konnte in ihren Gesichtern im Verlaufe des Tages kein Zeichen irgendeiner inneren Anteilnahme oder des Mitgehens erkennen.

Innerlich beunruhigt, befragte ich Bischof Vlk, wie ich das deuten sollte. Er gab mir damals die für mich sehr aufschlußreiche Antwort: „Alle diese Priester haben nicht nur an die zwanzig bis dreißig Lebensjahre, als Priester auf ihren Pfarren, in ihren Pfarrhäusern durchgehalten; sie mußten dort vollständig isoliert leben. Denn: um andere nicht zu gefährden oder um selbst politische Schwierigkeiten zu vermeiden, ging man in der eigenen Pfarre auch an den Pfarrangehörigen vorbei, ohne etwas merken zu lassen, daß man sich kenne. Man mußte überall mit Spionen rechnen und wollte nicht auffallen. Das hat die Psychologie dieser Menschen verändert. Sie haben sich innerlich zurückgezogen, gingen auf eine Art innerer Distanz zu allen, und dies bewußt, oder noch mehr unbewußt als Schutz vor dem Ungewissen. Man mußte auch das Licht der Hoffnung auf eine andere Zeit vor den anderen verbergen."

Damals verstand ich zum erstenmal richtig den seelischen Schaden, den das kommunistische System in diesen Menschen angerichtet hatte. Die Parolen „Die Wahrheit siegt; die Partei hat immer recht, und Klassenfeinde muß man entlarven" taten ihre Wirkung, ob man wollte oder nicht; sie zerstörten nicht nur das menschlich-gesellschaftliche Gefüge, sondern auch die Seele des einzelnen. Es war die Frucht eines tiefen Mißtrauens, eine Angst vor dem anderen als möglichem Spion. Die Wandlung solch deformierter Herzen – auch bei den Priestern – könne, so Erzbischof Vlk, nur langsam vor sich gehen.

Das war für mich eine ganz neue Erkenntnis, eine ganz neue Sicht der Dinge.

Wenn heute die Euphorie jener letzten Dezembertage des Jahres 1989 sowie der ersten Januartage des darauffolgenden Jahres längst entschwunden ist und eine große Enttäuschung auf beiden Seiten die Narben des Eisernen Vorhangs nur langsam verheilen läßt, so ist auch dies noch einmal ein Hinweis auf jene tiefreichenden seelischen Veränderungen, die damals verursacht wurden.

Hier Brücken zu bauen, Verständnis zu wecken für solche im Westen zu wenig bekannte große Schäden und Probleme im seelischen Bereich ist eine wichtige menschliche und zeitgeschichtliche Aufgabe dieses Buches.

Kardinal Franz König

Wegstationen

Assmus: Wenn Sie erlauben, möchte ich zunächst nach den wichtigsten Etappen Ihres persönlichen Lebenswegs fragen, der untrennbar mit der Geschichte Ihres Volkes und der Kirche in der ehemaligen Tschechoslowakei verknüpft ist. Sie stammen aus einem tschechischen Dorf im Bezirk Písek und sind in einfachen Verhältnissen aufgewachsen ...

Vlk: Ich wurde am 17. Mai 1932 in Lísnice geboren, wo ich meine ersten Lebensjahre verbrachte. Meine Mutter war nicht verheiratet; sie tat bei Bauern Dienst, und wir haben bei ihren Eltern gewohnt. Ich habe diese Jahre als eine schöne Zeit in Erinnerung, auch wenn ich mich nicht mehr an viele Einzelheiten entsinne. Meine Mutter war recht streng mit mir, weil ich ein ausgesprochen lebhafter Junge war. Immer wenn ich irgendwelche Ansprüche stellte und das gleiche haben wollte wie die anderen Kinder, pflegte meine Mutter zu sagen: „Du kannst nicht alles haben, was du bei anderen siehst.“ Das war für mich nicht angenehm, aber ich habe auf diese Weise gelernt zu verzichten.

Mit meiner Mutter und meiner Großmutter ging ich oft zu einem Marienwallfahrtsort, an dem ich auch getauft worden war. Meine Taufpatin, eine Schwester meiner Mutter, erzählte mir später, nach der Taufe habe sie sich mit mir auf dem Arm vor den Altar mit dem berühmten Gnadenbild gekniet und mich Maria geweiht. Ich war sehr glücklich zu erfahren, daß ich gleich an meinem zweiten Lebenstag Maria geweiht wurde. Im nachhinein scheint es mir bezeichnend und wichtig für mein Leben, daß ich im Marienmonat geboren bin und an einem Marienwallfahrtsort getauft wurde ...

Ihre Mutter hat später geheiratet ...

Ja, 1938, als ich sechs Jahre alt war. Damals zogen wir nach Záluzì bei Chysky. Zusammen mit meinen drei jüngeren Schwestern bin ich in einer armen Familie aufgewachsen, in der ich gelernt habe, zu arbeiten und für die anderen dazusein.

Záluzì ist der Ort meiner Jugend; dort habe ich die Kriegsjahre verbracht und meine Berufung entdeckt. Ich erinnere mich, wie wir eines Morgens während des Krieges geweckt wurden; wir waren von deutschen Soldaten umgeben, die einen Partisan in unserem Dorf vermuteten. Verhöre wurden angestellt, und wir fürchteten, unser Dorf würde ebenso zerstört wie andere Dörfer in unserem Land. Übrigens habe ich damals angefangen, Deutsch zu lernen. 1945 habe ich als Dreizehnjähriger mit großer Begeisterung die Befreiung erlebt.

Wie spielte sich Ihr Leben damals ab?

Unser Dorf war sehr klein, jeder kannte jeden. Zur Schule ging ich in ein anderes, einige Kilometer entfernt gelegenes Dorf, in dem auch die Kirche war und der Pfarrer wohnte. Die Freundschaft mit den Jungen in der Schule bedeutete mir viel; denn meine Schwestern waren viel kleiner als ich, und Brüder hatte nicht. Wenn ich heimkam, mußte ich im Haus mithelfen, sei es beim Hacken von Brennholz oder bei Arbeiten in der Landwirtschaft.

Da es im Stall kein Wasser gab, mußte ich Wasser fürs Vieh holen, und auch fürs Füttern der Kaninchen war ich zuständig. Wir hatten drei bis vier Hektar Land. Im Frühling, im Sommer und im Herbst gab es draußen viel zu tun. Nach der Schule ging ich zum Arbeiten auf die Felder; gegen fünf waren die Kühe hinauszutreiben ... Wenn ich gegen acht oder neun Uhr heimkam, gab's zum Abendessen frische, noch warme Milch und Brot. Das war lange Zeit hindurch der tagtägliche, immer gleiche Rhythmus.

Ich bin daran gewöhnt worden, hart zu arbeiten und keine Zeit zu verlieren. Mein Vater, der 1963 verstorben ist, legte großen Wert darauf, daß jede Arbeit gut verrichtet wurde. Ich bin ihm sehr dankbar dafür, denn ich habe viel von ihm gelernt. Meine Eltern haben mir beigebracht, verzichten und anderen etwas geben zu können. Ein wenig vermißt habe ich die Herzlichkeit von Vater und Mutter; darum habe ich die anderen Kinder oft beneidet. Zu den Leuten im Dorf hatten wir sehr freundschaftliche, enge Beziehungen.

Wir Kinder sind in der Natur aufgewachsen; jeden Tag waren wir stundenlang draußen bei den Kühen, die freie Natur war unser Lebensraum. Aber das war etwas ganz Normales und fiel uns gar nicht auf.

Sind Sie religiös erzogen worden?

Den Glauben haben mir vor allem die Großeltern in Lísnice vermittelt. In unserer Familie haben wir oft miteinander gebetet. Später habe ich den Eindruck gewonnen, daß mir in der Kindheit ein wenig die religiöse Gemeinschaft gefehlt hat, in dem Sinne, daß die Beziehungen weniger vom Evangelium durchdrungen und geprägt waren; unser Glaube war eher traditionell.

Ist Ihnen schon als Kind der Gedanke gekommen, Priester zu werden?

Als Kind wollte ich Pilot werden. Vielleicht drückte sich darin meine Sehnsucht „nach dem, was oben ist“, aus ... Den ersten Anstoß, Priester zu werden, bekam ich im Alter von elf Jahren: Ein Bild des Gekreuzigten, das in der Vorhalle der Kirche hing, machte tiefen Eindruck auf mich. Es zeigte einen kleinen Jungen, der zum Kreuz aufschaut, und unter dem Bild war geschrieben: „Willst auch du Priester werden?“ Diese Frage hat mich nicht losgelassen; sie beschäftigte mich und hat sich mir tief eingeprägt. Irgendwann antwortete ich in meinem Herzen: „Ja.“ Aber dies blieb mein Geheimnis. Ich behielt es ganz für mich, weil ich befürchtete, ausgelacht zu werden. Ich sagte „Ja“ und machte mir keine weiteren Gedanken um die Zukunft. Bei der Kommunion hatte ich oft den Eindruck, als würde Jesus mir sagen: „Folge mir nach!“ Dieser Ruf hat in mir die aufkeimende Berufung gefestigt, doch der Krieg und andere Sorgen in der Familie verwehten bald diese Spur.

Wie sind Sie wieder auf diese Fährte gelenkt worden?

Nach dem Krieg suchte ich nach einer Möglichkeit, ohne großen finanziellen Aufwand meine schulische Ausbildung fortzusetzen; denn meine Eltern verfügten nicht über große Mittel. Ein Freund meines Vaters gab uns den Hinweis, in Budweis gebe es ein Internat, wo man umsonst studieren könne. Ohne die geringste Ahnung, was das für eine Institution war, fuhr ich hin, machte die Aufnahmeprüfung und wurde angenommen. Erst als ich die schriftliche Bestätigung erhielt, begriff ich, wo ich gelandet war: Auf dem Zettel stand, daß ich aufgenommen werde mit dem Ziel, einmal Priester zu werden, wenn

Gott es will. Es traf mich wie ein Blitz aus heiterem Himmel! Es war ein Knabenseminar! Ich war geschockt. Auf der Rückfahrt nach Hause habe ich im Zug lange nachgedacht, und als ich daheim ankam, stand meine Entscheidung fest: Ich wollte Priester werden. So besuchte ich von 1946 an das Gymnasium des Budweiser Seminars.

Haben Sie sich im Knabenseminar wohlgefühlt?

Ich war in dieser Gemeinschaft sehr glücklich. Das Internat wurde von zwei Priestern geleitet, dem Direktor und dem Spiritual. Jeden Tag beteten wir gemeinsam das Morgengebet und gingen zur Messe. Wir wurden von Schwestern verpflegt, die alles daransetzten, daß wir Jungen genug zu essen bekamen. Das Lernen machte mir Freude, besonders die alten Sprachen, und es fiel mir nicht schwer. Als Bischof Hlouch, der Bischof von Budweis, einmal ins Knabenseminar kam, sollte ich ein Gedicht vortragen. Ich dachte, es gut genug gelernt zu haben, aber bei der zweiten Strophe blieb ich stecken. Der Bischof hat mich in die Arme genommen und mir etwas Nettes gesagt, doch für mich war es ein ernster Hinweis, gründlicher zu lernen ...

Ich glaube, diese unbekümmerte Zeit im Seminar war die schönste meines Lebens. Unter den Mitschülern hatte ich viele Freunde. Samstags spielten wir mit den Seminaristen im Priesterseminar Fußball oder Volleyball; auf diese Weise schlossen wir Freundschaft mit denen, die auf dem Weg zum Priestertum schon ein Stück weiter waren.

Wenn ich in den Ferien nach Hause kam, sprach ich mit meinen Schwestern auch über religiöse Themen. So etwas hatte es früher bei uns nicht gegeben. Ich glaube, die Arbeit Gottes in diesen Jahren bestand vor allem darin, mich aus einem von Traditionen geprägten Glauben zu einem bewußteren Glauben zu führen und mir meine Berufung deutlicher zu zeigen.

Hat sich durch die kommunistische Machtübernahme für Sie im Seminar etwas geändert, oder konnten Sie das Abitur ohne weitere Schwierigkeiten ablegen?

Den kommunistischen Putsch erlebte ich als sechzehnjähriger Gymnasiast im Knabenseminar. Durch den Zweiten Weltkrieg hatte sich meine Schulzeit insgesamt verzögert, so daß ich erst 1952, als Zwanzigjähriger, das Abitur machen konnte. Ich rechnete damit, nach dem Abitur ins Priesterseminar eintreten und Theologie studieren zu können.

1949, nach dem Umsturz, nahmen uns die Kommunisten das Knabenseminar. Diejenigen von uns, die die Berufung zum Priestertum schon stärker spürten, zogen damals ins Priesterseminar. Ein Jahr später wurde auch das Priesterseminar aufgelöst, so daß wir in den letzten beiden Jahren vor dem Abitur privat bei verschiedenen Familien wohnten.

Damals lief der ideologische Kampf auf Hochtouren. Da ich nicht im kommunistischen Jugendverband war, durfte in meinem Zeugnis nicht „Mit Auszeichnung bestanden" stehen, auch wenn ich in allen Fächern diese Note bekommen hatte. Deshalb konnte ich auch kein Hochschulstudium beginnen und meinen geheimen Wunsch nicht realisieren. Während der Kommunismus von Sieg zu Sieg eilte, stand ich ohnmächtig mit leeren Händen da.

1950 waren alle diözesanen Priesterseminare aufgehoben worden; statt dessen wurde ohne Zustimmung des Vatikans ein zentrales Priesterseminar für Böhmen und

Mähren an der Theologischen Fakultät in Prag eingerichtet. Die damals bereits internierten Bischöfe rieten ab, in dieses „Staatsseminar“ einzutreten. Da das Studium im Untergrund noch nicht organisiert war, blieb meine Zukunft ungewiß. Dennoch war ich voller Zuversicht und Elan.

Ein Jahr arbeitete ich in einer Maschinenfabrik in Budweis, die Motorenteile herstellte. Diese Zeit war hart für mich, vor allem das halbe Jahr in der Gießerei.

1953 mußte ich den zweijährigen Militärdienst in Karlsbad antreten – immer mit meinem Geheimnis im Herzen und dem politischen „Fleck“ in meinen Papieren. Als wir einmal durchsucht wurden, weil jemand etwas gestohlen hatte, geriet ich in Panik, weil ich in meinem Koffer ein Buch versteckt hatte, das den Marxismus-Leninismus analysierte. Während der Durchsuchung rief mich mein Kompagniechef, der etwas über meine Papiere wußte. Im Verlauf des Gesprächs sagte ich ihm, daß ich Christ bin, und ich habe ihm auch von dem Buch im Koffer erzählt. Er verstand mich und bot mir an, den ganzen Koffer an sich zu nehmen und ihn mir in einem geeigneten Augenblick zurückzugeben ...

Konnten Sie beim Militär Ihren Glauben praktizieren?

Als wir nach zwei Monaten erstmals die Kaserne verlassen durften, habe ich eine Messe und eine Gelegenheit zum Beichten gesucht. Damals habe ich die Adresse einer Familie bekommen, die ich bei meinen weiteren „Ausflügen“ immer als „Alibi“ angeben konnte. Während die anderen sonntags irgendein Lokal aufsuchten, ging ich, wenn es nur eben möglich war, zur Messe. Zu Weihnachten hatten einige verschärften Dienst und mußten in der Kaserne bleiben. Gerne übernahm ich den

Dienst eines anderen, denn auf diese Weise konnte ich einmal allein sein und beten. Das war mir sehr wichtig. 1954, im zweiten Jahr des Militärdienstes, konnte ich Weihnachten zu Hause verbringen. Dort traf ich einen Freund, der einen Studienplatz bekommen hatte. Er konnte mich dafür gewinnen, mich nochmals um einen Platz an der Universität zu bewerben. Immer wieder hatte es sich als hinderlich erwiesen, daß ich nicht dem kommunistischen Jugendverband angehörte. Doch meine Vorgesetzten beim Militär, die mir wohlgesonnen waren und mir helfen wollten, stellten mir eine Bescheinigung aus, daß ich aufgrund der positiven Wirkung des Militärdienstes nun für den Eintritt in den Jugendverband gefestigt sei. So wurde ich schließlich doch noch in die Universität aufgenommen.

Meine Berufung hat sich während der harten Zeit beim Militär weiter gefestigt, und ich habe sie gehütet wie einen Schatz.

Sie haben dann studiert ...

Als um die Mitte der fünfziger Jahre ein politisches Tauwetter einsetzte, konnte ich an der Prager Karls-Universität Archivistik studieren. Aber ich mußte stets damit rechnen, wieder vom Studium ausgeschlossen zu werden, wenn herauskommen sollte, daß ich heimlich den Gottesdienst besuchte. Das Studium war sehr interessant, und ich hatte eine gute Gruppe Gleichgesinnter gefunden. Manchmal trafen wir uns auch zum Gebet oder um miteinander ein religiöses Buch zu lesen, meist in einem Park. Es war eine schöne Zeit. Damals hoffte ich auf ein baldiges Ende der kommunistischen Herrschaft, aber diese Erwartung, die durch den Ungarnaufstand 1956 weitere Nahrung erhielt, erfüllte sich nicht. Mein Plan, nach dem Studium ins Priesterseminar einzutreten und Theologie zu studieren, ließ sich nicht verwirklichen.

Wie haben Sie diese Zeit des Wartens, die sicher eine Herausforderung besonderer Art war, innerlich durchgestanden?

In den Jahren 1957/58 habe ich eine starke Krise durchgemacht. Weil das Warten schon so lange dauerte, wurde ich unsicher. Mir kamen Zweifel, ob dieser Weg wirklich Gottes Wille für mich war oder die Erfindung meiner Sehnsucht. Ich hatte damals ein Mädchen kennengelernt, das mich sehr anzog. Aber ich habe die Beziehung bewußt nicht enger gestaltet, weil ich immer noch vor Augen hatte, einmal Priester zu werden. Damals gab mir der Gedanke Kraft, daß der erste Anruf zum Priestertum ja „von außen" kam, und auch der zweite – jener Blitz vom Himmel. Deshalb ging ich trotz Unsicherheit und Dunkelheit weiter meinen Weg.

Eine große Stütze war mir in dieser Zeit der Krise ein Prämonstratenserpater, Dekan Zák aus Milevsko. Ich hatte ihn Anfang der 50er Jahre in einem Wallfahrtsort in der Nähe von Tábor kennengelernt; er hatte mich nach einer Beichte eingeladen, ihn zu besuchen. Wenn ich in den Ferien zu Hause war, hat er sich sehr um mich gekümmert, und auch in meinen Studienjahren an der Uni hat er mir viel geholfen. Pater Zák war ein wahrer Freund für mich. Er dachte damals, daß ich wohl Prämonstratenser werden würde. Doch ich fühlte mich stärker zur franziskanischen Spiritualität hingezogen, mit der ich – ebenfalls Anfang der 50er Jahre – in Budweis in Berührung gekommen war. Die dortigen Franziskanerinnen des Dritten Ordens, die eine Jugendgruppe leiteten, hielten Einkehrtage, an denen ich mit großem Gewinn teilgenommen habe. Pater Zák starb 1960, in dem Jahr, als ich mein Studium mit einer Promotion abschloß und eine Arbeit in südböhmischen Archiven antrat.

Sie haben dann Karriere als Archivar gemacht?

1961 oder 1962 kam ich nach Budweis und wurde Direktor des dortigen Stadtarchivs. Die Arbeit gefiel mir so gut, daß ich sogar den Eindruck hatte, sie könnte gefährlich für meine Berufung sein. Statt bis 16 Uhr arbeitete ich bis abends um halb sieben; dann ging ich zur Messe.

Eines Tages besuchte ich heimlich meinen Bischof, der bei Schwestern untergebracht war. Er sagte mir, ich könne ins Seminar eintreten; inzwischen hatten sich die Beziehungen zwischen Staat und Kirche etwas gebessert. Auf dieses Wort hin kündigte ich 1963 meine Stelle. Im Archiv hatte ich eine hohe Stellung inne (nicht nur die Stadt, sondern der ganze Distrikt fiel in meinen Zuständigkeitsbereich), so daß man mich nicht gehen lassen wollte und mir die Erlaubnis zum Studium verweigerte. Erst als ich meine Vorgesetzten im Jahr darauf wissen ließ, wenn mir der Weg weiterhin versperrt würde, ginge ich ins Bergwerk oder zum Bau (daran durfte von Staats wegen niemand gehindert werden!), hat man mich endlich ziehen lassen.

So konnte ich nach zwölf langen Jahren des Wartens in Leitmeritz ins Priesterseminar eintreten. Für die Kollegen war es eine aufregende Sache, daß der Archivar wegging, um Priester zu werden. Einige empfanden das als interessant, andere gingen mir fortan aus dem Weg.

Nach dem Doktorat, als Archivar, mit Eltern

Was hat Sie in diesen Jahren gehalten? Was hat Sie bewogen, in diesen Schwierigkeiten nicht zurückzustecken?

Was mich gehalten hat? Ich war jung, und andere in meinem Alter hatten die gleichen Schwierigkeiten. Wir bildeten im geheimen kleine Gemeinschaften, in denen wir uns weiterbildeten und miteinander beteten. Es gab eine ganze Reihe solcher Gruppen, aber sie wußten nichts voneinander, weil sie sich davor schützen mußten, verraten zu werden. Wir fühlten uns oft wie Partisanen auf feindlichem Gebiet, immer auf der Hut. Wenn wir zusammenkamen, paßten wir sehr auf, ob jemand uns bespitzelte.

Ich erlebte diese Jahre als eine Zeit der Gnade. Erst später habe ich begriffen, was diese „Communio" für uns bedeutete. Wir kamen nicht nur zusammen, um nicht allein zu sein und uns gegenseitig aufzumuntern. Wichtig war das offene Herz; wir wollten Freude schenken, Schwierigkeiten und Schmerzen teilen, einander teilhaben lassen an dem, was Gott in unserem Leben wirkte. Dieses gegenseitige Geben und Nehmen geschah aus Liebe, und in dieser Liebe war Gott erfahrbar.

So habe ich in diesen Jahren langen, ungewissen Wartens den Sinn und den Wert kleiner, lebendiger Gemeinschaften entdeckt. Für mich vollzog sich der Übergang vom traditionellen Volksglauben zur bewußten Überzeugung, daß Gott in meinem Leben gegenwärtig ist. Unsere Gemeinschaft war der Ort, an dem ich Kirche in gegenseitiger Liebe und im Leben aus dem Wort Gottes verwirklicht gesehen und persönlich erfahren habe. Trotz der künstlich geschaffenen religionsfeindlichen Atmosphäre wuchs das Vertrauen, daß Gott das Ende unserer „Gefangenschaft" kennt.

Haben Sie diese lebendige Gemeinschaft gleichgesinnter Christen auch im Priesterseminar gefunden?

Sehr wenig. Das Leben im Priesterseminar war keine Idylle. Der Kommunismus warf auch hier seine Schatten. Ganz gezielt wurde ein Klima geschaffen, in dem man sich stets fragte, ob nicht der eine oder andere von uns ein Agent der Geheimen Staatspolizei war und uns überwachte. Wir hatten Angst, jene „Communio" zuzulassen, die wir früher im Geheimen gelebt hatten. Die unbewußte und unreflektierte Vorsicht zerstörte jede Offenheit und Kommunikation unter uns und trieb uns in Mißtrauen und Isolation. In manchen Jahren hatten wir den begründeten Verdacht, daß selbst der Rektor des Seminars von der Geheimpolizei beeinflußt sei. Ein Ausbildungskonzept war schwer zu erkennen. Der Staat wollte verhindern, daß wir moderne, innerlich gefestigte Priester würden, die auf die Leute anziehend wirken. Moralisch schwache Priester waren damals höchst willkommen.

Wie sind Sie mit dieser Situation fertig geworden?

Die Grunderfahrung im Priesterseminar war für mich: Gott allein! Sich nur auf ihn stützen, nur mit ihm rechnen. Es war nicht möglich, auf Spiritual, Rektor oder Kollegen zu bauen, weil die Gefahr zu groß war, enttäuscht zu werden. Die allgemeine Unsicherheit schuf eine äußerst gespannte Atmosphäre. Sie vermittelte uns den Eindruck des Zerfalls und der Zersetzung. Das hätte zu einer großen Belastung führen können, unter Umständen zum Austritt aus dem Seminar. Es gab nur einen Ausweg, und diesen Weg bin ich gegangen: den Weg des Kreuzes. Ich glaubte an das Kreuz unseres Herrn Jesus Christus. Ich glaubte, daß jedes Fallen von Gott aufgefangen würde, wie auch der Tod Jesu am Kreuz zum Leben geführt hat. „Mein Gott, mein Gott, warum hast du mich verlassen?“ Jesus hatte auch keinen anderen Ausweg. Unsere Situation schien mir ähnlich. Jesus glaubte an die Liebe des Vaters: „Vater, in deine Hände ...“ Bis zum äußersten an die Liebe des Vaters glauben und nicht in Verbitterung und Pessimismus verfallen, das war mein „Ausweg“. Ich entdeckte im Kreuz die tiefste Offenbarung der Liebe Christi; ihm wollte ich nachfolgen, indem ich in dieser schwierigen Situation im Seminar durchhielt.

Schließlich haben Sie dann doch Ihr Ziel, zum Priester geweiht zu werden, erreicht. Wie haben Sie die ersten Jahre nach der Weihe erlebt?

1968 wurde ich von Bischof Hlouch, der gerade aus seinem „Exil“ zurückgekehrt war, in Budweis zum Priester geweiht. Meine Tätigkeit begann also in der Zeit des Prager Frühlings, der einen gewissen Freiraum für die pastorale Arbeit bot. Drei Jahre lang arbeitete ich als Sekretär des Bischofs. In der seelsorgerischen Arbeit konzentrierte ich mich auf die Schaffung kleiner Gemeinschaften, in denen Kirche lebendig wird. Aber der Freiraum dafür wurde immer enger, da die sogenannte „Normalisierung“ einsetzte, und das hieß im Klartext Rückkehr zu alten kommunistischen Praktiken. Die Staatsorgane drängten mich, die bestehenden Gruppen, die als unrechtmäßig galten, aufzulösen. Da ich nicht nachgeben wollte, zwangen sie 1971 den Bischof, mich gegen seinen Willen zu entlassen und von der Stadt aufs Land in die Böhmerwaldpfarreien Laziste und Záblatí zu versetzen.

In dieser Zeit habe ich Kraft geschöpft aus der Erfahrung, die ich bereits im Seminar gemacht hatte: Ich ver-

Priesterweihe 1968

suchte, die Schwierigkeiten anzunehmen und darin die Gestalt des Gekreuzigten zu finden. Die tiefe Gewißheit, daß dieses Kreuz mehr Segen für mich und die anderen bewirken kann als die Möglichkeit, noch ein paar Jahre im Amt zu bleiben, schenkte mir Ruhe und inneren Frieden; es ließ keine Verbitterung oder Feindschaft aufkommen. In dem kleinen Bergdorf, in dem ich wohnte, habe ich gelernt, mit einfachen Leuten zu leben. Man sah dem Pfarrer bis in den Teller, dort konnte man nichts verheimlichen, geschweige denn, geheime Gruppen organisieren. Über jeden Besuch war man informiert, von jedem Auto wurde die Nummer aufgeschrieben, und im oberen Stockwerk des Pfarrhauses wohnte ein Polizist. Mehr als Verkündigung durch Worte – auch die wurden bespitzelt – war das Zeugnis des Dienens und des Zuhörens vonnöten, und das konnte mir niemand nehmen.

Dies war eine wichtige Erfahrung für mich, die neue Akzente in meinem geistlichen Leben setzte: In der Zeit als Dorfpfarrer verstand ich, daß Gott von mir vor allem das Zeugnis des Lebens verlangt. Wichtiger als das Wort zu predigen wurde für mich, das Wort zu leben. Wort *sein*! Für einen temperamentvollen Charakter, wie ich ihn habe, beinhaltete dies in vielen Momenten, schweigen zu können ... Gott hatte mich sozusagen zum Schweigen gebracht. Mein Leben als Priester konzentrierte sich nun viel stärker auf das Dasein und das Leben für die anderen. Allmählich habe ich begriffen, daß das „Leben für" der Stil des ganzen Lebens Jesu war, daß es das Leben der Personen der Dreifaltigkeit ausmacht, das uns Jesus gebracht hat. Diese Erkenntnis hat mich mit großer Freude erfüllt und verhindert, daß mich das frustrierende Gefühl, überflüssig zu sein, überkam.

Nach sechzehn Monaten hielten die Kommunisten meine Anwesenheit in diesem Dorf nicht länger für tragbar. Als

Begründung, die sie freilich nicht öffentlich äußerten, gaben sie an, ich hätte zuviel Einfluß; wenn sie etwas erreichen wollten, geschehe nichts, aber wenn der Pfarrer etwas sage, komme alles in Bewegung. Meine Abberufung stand nahe bevor. Nach dem Morgengottesdienst am Allerseelentag kam der Bezirkssekretär für Kirchenangelegenheiten und sagte, daß ich hier aufhören müsse. Ich wehrte mich und sagte, für den Abend sei schon ein Allerseelengottesdienst angesetzt. Er forderte Polizeiassistenz an, falls die Leute am Abend rebellieren würden, weil kein Gottesdienst stattfinde. Mir sei die staatliche Genehmigung entzogen worden, und ich dürfe am Abend keinen Gottesdienst mehr feiern. Das traf mich hart ... Aber in diesem Moment begann ich zu verstehen: Auch das ist er: Jesus am Kreuz, Jesus in seiner Verlassenheit. Als ich abends in der Soutane in der gefüllten Kirche stand, sagte ich den Leuten, daß die Messe nicht gefeiert werden dürfe, weil ich keine Bewilligung mehr hätte. Ich sprach zu ihnen vom Kreuz; jetzt sei für mich der Augenblick gekommen, dieses Kreuz anzunehmen und zu tragen; ich vergab allen, die Unrecht taten oder tun wollten. Nach dem Vaterunser gab ich der Gemeinde den Segen und verschwand durch die Sakristei, weil auf dem Dorfplatz die Polizei stand und es zu einer Provokation hätte kommen können, für die man mir dann die Verantwortung zugeschoben hätte.
In dieser Situation konnte mir niemand helfen, ich war allein. Ich hatte den Eindruck, von allen im Stich gelassen zu sein. Immer wieder sagte ich dazu mein Ja. Und allmählich kam Licht in die Dunkelheit. In dem Ja zum Kreuz, einem Ja nicht nur zur Bürde und dem Leid, sondern vor allem zu Jesus selbst, wurden mir Ruhe, Frieden und Licht, ja sogar Freude zuteil.

Sie wurden nach Rozmitál pod Tremsínem im mittelböhmischen Bezirk Príbram geschickt. Dort verwalteten Sie die Pfarreien Bohutín und Drahenice ...

Ja, und dort heilten die Wunden allmählich. Die tiefe Erfahrung, die ich beim Weggang aus meiner alten Pfarrei gemacht hatte, aber blieb; sie ist ein fester Bestandteil meines Lebens geworden. Immer, wenn Schwierigkeiten kamen, habe ich sie beim Namen genannt: Das ist er, der Gekreuzigte. So bekam er einen festen Platz in meinem Leben. Er wurde zu einem Zeichen, das mir fest eingeprägt ist. Diese Zeit war wohl der bisher wichtigste Abschnitt meines Lebens.

Nachdem Sie bereits zweimal zwangsversetzt worden waren, kam es schließlich noch ärger ...

Nach sieben Jahren freudiger Arbeit und intensiver Gemeinschaft in der großen Pfarrfamilie von Rozmitál wurde mir die staatliche Genehmigung zum Ausüben des Priesteramtes endgültig entzogen: Ich durfte nicht mehr öffentlich als Priester wirken. Niemals zuvor haben mir die Beine so gezittert wie damals, als ich 1978 zum letztenmal vor die Pfarrei trat, um von ihr Abschied zu nehmen. Ich mußte mich am Ambo festhalten, um nicht das Gleichgewicht zu verlieren. Meine Gemeinde von Rozmitál schrieb eine Petition an Húsak, um mich zu behalten; auch eine große deutsche Zeitung hat damals davon berichtet.

Als „verbannter" Priester tauchte ich in der Großstadt Prag unter. Ich spürte diesen neuen Lebensabschnitt wie eine dunkle Nacht auf mich zukommen. Immer wieder rang ich mich zu einem Ja durch, obwohl es in mir schrie: „Warum, mein Gott, warum?" In einem solchen

Augenblick kamen mir einmal die Worte eines Liedes in den Sinn: „Weil ich dich so liebe." In mir tobte es: „Das ist ja eine nette Liebe!"

Doch mit der Zeit wurde es in meiner Seele licht. Durch das Verbot, als Priester zu wirken, ist mir etwas sehr Tiefes aufgegangen. Es war, als würde Gott mir sagen: „Ich will nicht deine Arbeit. Darin gibst du dich nur mittelbar. Ich will deine Zeit für mich. Deine Arbeit soll kein Hindernis zwischen uns sein; ich möchte, daß du nicht für die Arbeit, sondern für mich lebst."

Papst Johannes Paul II. hat einmal zu einer Gruppe von Priestern gesagt: „Wenn wir in den täglichen Prüfungen den leidenden Jesus annehmen, vereinigen wir uns direkt mit dem Geist des Auferstandenen und mit seiner stärkenden Kraft." Mir ist in jener Zeit bewußt geworden, daß Gott die Zeit, die Geschichte, jedes Ereignis in seinen Händen hält. Wenn ich mich damals in dieser Situation befand, dann nicht ohne seine Zustimmung oder ohne seine liebende Absicht. Ich mußte, nein, ich *wollte* das annehmen und zu verstehen suchen, was er mir durch diese Umstände sagen will. Im nachhinein kann ich sagen, daß ich damals einen neuen Glauben an die Liebe Gottes gefunden habe. Dieser Glaube war nicht Theorie, keine bloße Meditation, sondern eine konkrete Lebenshaltung, die oft, anfangs tagtäglich erkämpft und durchlebt werden mußte. Der Glaube an die Liebe hat mir inneren Frieden und Ruhe geschenkt, als ich in den Prager Straßen Schaufenster putzte. Fast zehn Jahre verrichtete ich in Hitze wie in Kälte diese Arbeit. Das Kreuz war zum festen Bestandteil meines Lebens geworden. Nicht ich hatte es mir ausgesucht, Fenster zu putzen, ebensowenig wie die Verlassenheit, die Verachtung, die Erniedrigung, in der ich mich befand ...

Im Glauben an die Liebe Gottes konnte ich Ja sagen zu

1979 – 1988: Fensterputzer in Prag

diesem Kreuz. Ich kann bezeugen, daß diese Zeit für mich die gesegnetste meines priesterlichen Lebens war. Sie brachte mir viele Gnaden und Licht und – vor allem – großen Frieden. Ich fühlte mich nicht frustriert, sondern erkannte, daß ich auch und gerade darin mein Priestersein leben und Jesus am Kreuz ähnlicher werden kann. Durch die Kraft des Kreuzes gelang es mir immer wieder, mich vom Boden der Hoffnungslosigkeit zu erheben. Das Ja zum verlassenen Jesus wurde zur Quelle der Stärke ... Das Licht des Kreuzes brach sich in meiner Seele Bahn: „Der Weg deines Lebens ist der Kreuzweg. Aus dem Sterben kommt das Leben." So war ich ganz getragen vom Geist Gottes, von seinem Licht und von seiner Kraft.

Das ist Ihre ganz persönliche Erfahrung. Konnten das auch Mitchristen, etwa Ihre alten Pfarrkinder nachvollziehen?

Ich erinnere mich an einen Moment in Prag, als ich bei *Tuzex* Fenster putzte. Da kam ein Bekannter aus meiner Jugendzeit vorbei, und als er mich sah, begann er heftig auf die Kommunisten zu schimpfen; es fielen einige Kraftausdrücke ... Es gebe so wenige Priester, und ich werde gezwungen, hier Fenster zu putzen! Ich habe ihm gesagt: Es gab in der Kirche immer wieder Zeiten des Kreuzes, und jetzt ist für mich diese Zeit da. Zum Leben Christi gehört nicht nur die Verklärung auf Tabor, sondern auch das Geschehen auf dem Kalvarienberg. Mein Bekannter aber schimpfte weiter. Noch einmal versuchte ich es ihm zu erklären – ohne Erfolg. Ich nahm einen dritten und letzten Anlauf – umsonst. Für mich blieb es eine tiefe, schmerzliche Erfahrung, daß ein Christ einen anderen, der unter dem Kreuz steht, nicht versteht. Ich habe damals den Vorsatz gefaßt: Wenn ich einmal ein Leben in Freiheit führen kann, werde ich nicht aufhören zu betonen, daß das Leben im Glauben nicht ohne das Kreuz wachsen kann.

Wie lebten Sie „privat" in dieser Zeit? Hatten Sie in Prag Kontakte zu geheimen kirchlichen Gruppen?

Ja. Während dieser Zeit habe ich heimlich hinter verschlossenen Türen mit kleinen Gruppen die Messe gefeiert, Sakramente gespendet, freilich immer in Gefahr, entdeckt und nach Paragraph 172 des Strafgesetzbuches dafür bestraft zu werden. Aber ich wußte, daß die Liebe Gottes auch ins Gefängnis dringt.

Ich lebte diese Zeit in einer kleinen festen Gemeinschaft von Laien, in der wir versuchten, uns nach dem Evangelium auszurichten und nach dem Gebot der Liebe zu leben. Hier habe ich erfahren, wie die Worte des Evangeliums wahr werden: „Wo zwei oder drei in meinem Namen versammelt sind, da bin ich mitten unter ihnen" (Mt 18,20). Dieses tägliche Leben mit dem auferstandenen Jesus unter uns gab mir die Kraft, das Kreuz zu tragen.

Am 1. Januar 1989, als die Wende sich langsam abzuzeichnen begann, kehrte ich in eine Pfarrei zurück[1]. Ich muß zugeben, es fiel mir schwer, den harten, aber schönen Weg wieder zu verlassen, auf dem Gott mich geführt hatte. Ich wurde wieder Pfarrer, und vierzehn Monate später hat mich Papst Johannes Paul II. zum Bischof von Budweis ernannt[2] – nach zehn Jahren gründlicher Vorbereitung. Ich halte mich weder für einen Märtyrer, noch glaube ich, irgend etwas Besonderes getan zu haben. Aber ich weiß, daß der Herr Großes getan hat. In der Zeit der Dunkelheit der Verfolgung, Unterdrückung und

Wüste habe ich erfahren, daß Gott uns nahe ist, daß er wirkt und alles benützt, um sich als Liebe zu zeigen, als der „Ich-bin-bei-euch".

Die Gemeinschaft, von der Sie sprechen, ist die Fokolar-Bewegung; Sie lebten in diesen Prager Jahren in einem Fokolar[3]. Wie haben Sie diese Gruppe kennengelernt?

Noch vor dem Bau der Berliner Mauer waren Fokolare in die damalige DDR gekommen. Unter ihnen waren einige Ärzte, die dort sehr gebraucht wurden, weil viele Ärzte aus der DDR geflohen waren. Über ostdeutsche Priester haben auch Menschen bei uns die Spiritualität der Fokolare kennengelernt. Ich selbst hatte Kontakt mit einem Priester aus der Nähe von Leipzig; als ich 1964 einmal bei ihm war, habe ich ihm von unserem Leben, besonders von der Jugend erzählt. Er war davon sehr beeindruckt und erzählte mir von dieser Bewegung, weil ihm schien, daß es in unserem Leben manche Parallele gäbe. 1966 fand das erste Sommertreffen der Fokolar-Bewegung in der DDR statt, eine sogenannte Mariapoli, zu der ich allerdings nicht kommen konnte. Ich habe dann am zweiten Sommertreffen in Leipzig teilgenommen, bei der einige Tschechen und Polen anwesend waren.

1968 habe ich als Bischofssekretär meinen Vorgänger in Budweis, Hlouch, nach Rom begleitet. Er wußte, daß ich dieser Bewegung angehöre, und so besuchten wir zusammen deren Zentrum in Rocca di Papa. Dort hat uns Chiara Lubich, die Gründerin der Fokolar-Bewegung, persönlich die Geschichte der Bewegung erzählt und von ihrer Spiritualität gesprochen. Im gleichen Jahr lernten weitere Priester und Laien in der CSSR die Fokolar-Spiritualität kennen. Es gab keine Struktur, aber das Leben, das nicht unterdrückt werden konnte, blühte. Ausgerechnet zwischen 1969 und 1971, während der schlimmsten Zeit der sogenannten „Normalisierung", kam es zu dem vielleicht stärksten Aufbruch. Für uns war dies ein Zeichen, daß Gott mit uns war.

Wir Priester verbrachten zweimal im Monat einen ganzen Tag miteinander; das war für unsere Arbeit sehr wichtig. Dabei wurden wir immer wieder daran erinnert, daß es nicht darauf ankommt, viele Worte zu machen, sondern das Wort zu leben. Dieses Leitmotiv war wie geschaffen für unsere Situation; für mich wurde es, wie gesagt, grundlegend, als ich die staatliche Lizenz verlor. Ich konnte dennoch als Priester leben; denn meine eigentliche priesterliche Identität fand ich in Jesus dem Gekreuzigten und Verlassenen. Zudem habe ich in dieser Zeit im Fokolar eine echte Familie gefunden.

Was bedeutete das Zusammenleben in einer Gemeinschaft engagierter Laien für Ihren inneren Werdegang?

In dieser Gemeinschaft, in der man mit Jesus in der Mitte lebte, konnte ich aufatmen, dort fand ich die Kraft für die tagtägliche Begegnung mit Jesus dem Verlassenen. Aber das Leben in dieser Gemeinschaft war nicht immer leicht für mich. Ich bin ein eher impulsiver Mensch mit einer dynamischen, manchmal geradezu unbezähmbaren Natur und neige dazu, die Führung zu übernehmen und Entscheidungen schnell und eigenständig zu treffen. Es war außerordentlich schwierig für mich, der gegenseitigen Liebe die Priorität zu geben und dafür zu leben, daß Jesus unter uns gegenwärtig sein kann (vgl. Mt 18,20). Diese Gemeinschaft sowie das alltägliche Leben mit dem verlassenen Jesus sind für mich zu einer wahren Schule geworden, ich möchte sagen, zu einer „Hochschule der Einheit". Ich weiß nicht, wie ich ohne diese Ausbildung, für die ich Gott unendlich dankbar bin, an dem Platz, an den ich jetzt gestellt bin, stehen und bestehen könnte.

Haben Sie eigentlich nie mit dem Gedanken gespielt, das Land zu verlassen?

Doch. In den 60er Jahren, als ich nicht mehr verstand, wie ich unter den gegebenen Umständen Priester werden könnte. Deswegen habe ich mich zeitweise mit dem Gedanken getragen zu fliehen. In einem Gespräch mit jenem Priester aus der Nähe von Leipzig habe ich dann erkannt, daß ich bleiben muß, daß mein Platz *hier* ist.

Wie war Ihnen nach Ihrer Ernennung zum Bischof zumute?

Als ich am 30. März 1990 nach den Exerzitien nach Budweis kam und im Auto über den Hauptplatz fuhr, hörte ich die Zeitungsverkäufer schreien: „Neuer Bischof von Budweis! Neuer Bischof ..." Da bekam ich plötzlich Angst, und als ich sah, was alles im Bischofshaus im Gange war, wurde die Angst noch größer. Am Tag vor der Bischofsweihe kam mir der erlösende Gedanke: Das alles geschieht nicht für dich, sondern um jener Gabe willen, die Gott uns gegeben hat: das Priestertum; du mußt nur transparent sein und Gott zum Zuge kommen lassen. Das war für mich damals die „Rettung" und ist es auch jetzt. Sonst könnte ich es nicht ertragen ... Doch dieser Gedanke ist keine Erkenntnis, die man einmal für immer gewinnt, sondern ein dauerndes Bemühen.

Die Menschen begegnen mir jetzt anders als früher. Die plötzliche Popularität mit allen Interviews, Telefonaten ... Das wäre äußerst schwierig, wenn ich nicht jene Ausrichtung hätte, von der ich schon gesprochen habe. In gewisser Weise komme ich mir vor wie ein Zuschauer, der das Stück betrachtet, das sein eigenes Leben ist: mehr als Zuschauer denn als Akteur. Und ich bete, daß ich so bleiben kann und mich nicht davon abbringen lasse. So zu leben, sich von Gott führen zu lassen, ist wunderschön. Ich bin mir bewußt, daß er es ist, der mein Leben leitet – jetzt, in dieser gänzlich neuen Situation ebenso wie damals unter dem Regime. Es ist ein wahres Abenteuer ...

Das Kreuz des Bischofs scheint mir wie die Zusammenfassung all dessen, was ich in den Jahren zuvor im Licht des Geistes über mein Leben verstanden habe.

Ihre Zeit in Budweis war sehr kurz bemessen. Sie wurden bald darauf zum Nachfolger von Kardinal Tomásek ernannt, der ein Symbol des geistigen Widerstands gegen das Regime war. Wie sehen Sie selbst diese Nachfolge?

Der Kardinal war in einer Zeit des Dunkels ein Bischof mit großem Glauben und mit einer außerordentlichen Hoffnung. Diese Haltung möchte ich mir zu eigen machen. Aber ich bin mir bewußt, daß jeder Mensch seinen persönlichen Weg zu Gott zu gehen hat. Es wäre nicht weise, den Kardinal nachahmen zu wollen, der eine Epoche in der Geschichte unserer Kirche geprägt hat. Ich möchte mich Gott und Maria anvertrauen, damit sie mich leiten – wie es auch mein Vorgänger getan hat.

Sie haben ein ganzes Jahr mit Kardinal Tomásek unter einem Dach gelebt. Es wurde als großes Zeichen der Brüderlichkeit verstanden, als Sie den Kardinal baten, hier im Bischofspalais zu bleiben und sozusagen wie Vater und Sohn ein Zeugnis der Einheit zu geben. Können

Einführung in Prag, 1. Juni 1991

Sie etwas über dieses letzte Jahr mit Kardinal Tomásek sagen?

Ich habe den Kardinal so erlebt, wie er war: als einen sehr väterlichen Menschen. Er war sehr zurückgezogen und hat sich doch für alles interessiert; er war ein betender Mensch. Wenn ich zu ihm kam, zeigte er immer großes Interesse an allem, was in der Kirche geschieht, was es Neues gibt. So war es auch, wenn wir als Bischofskonferenz zu ihm kamen: Er hat zugehört und alles mit wachem Blick mitverfolgt, er hat sich zu diesem und jenem lobend geäußert, aber eingemischt hat er sich nicht. Es freute ihn sehr, daß er einen Nachfolger hatte. Wir kannten uns von früher her und hatten schon eine gute Beziehung. In dem gemeinsam verbrachten Jahr ist sie noch tiefer geworden.

Vor allem hat der Kardinal für uns gebetet. In all den Jahren, in denen seine äußeren Möglichkeiten nicht groß waren, war das Gebet seine Macht.

Im letzten halben Jahr vor seinem Tod, als er krank war, ist eine besondere Beziehung zu allen Angestellten im Haus gewachsen; nach der Messe in der Kapelle haben wir ihn häufig besucht und ihm unsere Verbundenheit zum Ausdruck gebracht. In den allerletzten Wochen und Tagen haben wir uns an seinem Sterbebett abgewechselt.

Im April 1993 wurde Ihnen eine weitere wichtige Aufgabe übertragen: Als Nachfolger von Kardinal Martini wurden Sie zum Präsidenten des CCEE, des Rats der Europäischen Bischofskonferenzen, gewählt. Hat Sie diese Wahl überrascht?

Als ich bei der Bischofsversammlung verstand, daß die Wahl auf mich fallen könnte, sah ich für einen Augenblick mein ganzes bisheriges Leben vor meinen Augen ablaufen. Es war immer vom Schmerz, vom Kreuz gezeichnet. Oft habe ich Dinge tun müssen, die ich mir nicht vorgestellt hätte, die Gott aber von mir wollte. Ich habe gelernt, Ja zu sagen, so auch dieses Mal. Nach der Wahl habe ich der Versammlung gesagt, wenn ich auf meine Kräfte zählen würde, müßte ich ablehnen. Da ich mich aber nicht auf mich selbst stützen muß und kann, bin ich gedrängt, mit allen anderen zusammenzuarbeiten. Ich sehe diese neue Aufgabe als Dienst an.

Kardinal Martini stand zwei Wahlperioden an der Spitze des CCEE. Seine Amtszeit war wegen der Umstrukturierung des CCEE noch um ein Jahr verlängert worden. Im April stand die Neuwahl an. Die letzte Synode war stark davon geprägt, daß Vertreter aus den ehemals kommunistischen Ländern Mittel- und Osteuropas in einem größeren kirchlichen Gremium nicht nur zugegen waren, sondern erstmals auch inhaltlich ihre Erfahrung aus der kommunistischen Verfolgung einbringen konnten. Es war ein fruchtbarer Austausch des Lebens und der Erfahrung. Von daher – glaube ich – versteht sich der Gedanke, der Kirche der ehemaligen kommunistischen Länder mehr Teilnahme am Leben des freien Teils Europas zu gewähren. So verstehe ich, daß ich als Bischof aus dem Osten zum Präsidenten gewählt wurde. Die Kirche in Westeuropa ist gut organisiert und hat sich in den letzten

Jahrzehnten sehr entwickelt. Die Gesellschaft hat beachtlichen Wohlstand erreicht; der einzelne besitzt sehr große Freiheit. Dennoch scheint es, daß diese Entwicklung nicht immer nur Positives hervorgebracht hat. Im Osten fehlte das alles, und doch hatte die Entwicklung nicht nur negative Seiten. Ich bin der Meinung, daß wir, die Kirche in den Ländern des Ostens, das Positive, das wir erfahren haben, der Kirche im Westen als Gabe bringen sollten. Ich hoffe, daß umgekehrt auch wir im Osten durch die zahlreichen positiven Seiten des Lebens im Westen bereichert werden.

Im CCEE hat es einige strukturelle Veränderungen gegeben ...

Nach der Europasynode Ende 1991 äußerte der Papst in seiner Abschlußrede den Wunsch, man solle eine Struktur finden, die der Verwirklichung der Synodenziele förderlich sei. Der Vorstand der Synode, dem auch ich angehörte, sollte innerhalb eines Jahres entsprechende Änderungen ausarbeiten. Es schien uns der beste Weg, daß dem Rat fortan die Vorsitzenden der einzelnen Bischofskonferenzen angehören, um dem Gremium mehr Gewicht zu geben. Dieser schon länger bestehende Wunsch des CCEE, den Kardinal Martini mehrfach geäußert hatte, entsprach auch dem Wunsch des Papstes.

Nach rechtlichem Standpunkt hat der CCEE keine Vollmachten. Worin besteht seine Bedeutung?

Wenn Sie die Artikel 21 bis 23 und 38 der Konstitution des Vatikanischen Konzils über die Kirche, *Lumen gentium*, lesen, dann sehen Sie, daß ein Bischof kein „Privatunternehmer“ in seiner Diözese und für seine Diözese ist,

Mit Johannes Paul II. bei der Generalaudienz am 5. Februar 1992

sondern eine Mitverantwortung für andere Diözesen hat; in gewissem Sinne hat er Mitverantwortung für die Universalkirche. Diese Mitverantwortung muß auch einen äußeren Ausdruck finden. Nach dem Zweiten Vatikanum sind auf den Kontinenten solche Organismen zur Förderung der Kollegialität der Bischöfe entstanden.

Welche Aufgabe hat der Präsident der Europäischen Bischofskonferenz?

Wie die europäische Bischofssynode kürzlich unterstrichen hat, ist es die Aufgabe des Präsidenten, den „Austausch der Gaben" zwischen den Kirchen von Ost und West mit dem Ziel zu fördern, die Erfahrung der Kollegialität unter den Bischöfen zu stärken in enger Einheit mit dem Papst. Auf diese Weise können wir auch dem Hinweis folgen, den uns Johannes Paul II. gegeben hat, ein europäisches Programm zur Neuevangelisierung im Blick auf das Jahr 2.000 vorzubereiten.

Was verstehen Sie unter dem „Austausch der Gaben" zwischen Ost und West?

Die Berliner Mauer ist gefallen, aber die Mauern in uns sind nicht gefallen. In diesem Sinn enthält die Wahl des Bischofs der Stadt Prag – einer Stadt, die immer berufen war, Brücke zwischen den beiden Teilen Europas zu sein – große Möglichkeiten. Sie könnte ein Zeichen der beiderseitigen Gastfreundschaft, der Öffnung zwischen Ost und West sein, ein Beitrag der katholischen Kirche zur Überwindung der Vergangenheit, wie sie von vielen, wenn nicht von allen Bischöfen gewünscht wird. In dieser Weise können die Kirchen des Ostens dem Westen ihren Reichtum anbieten: die Erfahrung, daß Gott wirklich nahe, daß *er* die Kraft der Evangelisierung ist. Für Jahrzehnte haben wir ohne Strukturen, ohne äußere Stützen gelebt, und das Leben hat sich dennoch entwickelt: Das ist ein Zeichen, daß Gott seine Kirche aufbaut. Die Kirche des Westens kann uns umgekehrt ihre Erfahrung in einer säkularisierten Gesellschaft anbieten, in der die Freiheit nicht immer zum Besten gelebt und verstanden wird.

Worin können Sie an die Arbeit Ihres Vorgängers anschließen, und was möchten Sie Neues einbringen?

Mein Vorgänger Kardinal Martini hat sehr viel geleistet. Gegenüber der Vergangenheit habe ich den Vorteil, daß – wie gesagt – jetzt die Vorsitzenden der nationalen Bischofskonferenzen Mitglieder im CCEE sind, und das gibt der Institution ein größeres Gewicht. Nicht zuletzt möchte ich die ökumenische Arbeit fortführen, die Kardinal Martini auf persönlicher wie auf offizieller Ebene hervorragend entwickelt hat. Die gemeinsame Arbeit der Kirchen, die Zusammenarbeit von CCEE und KEK (Konferenz Europäischer Kirchen) hat bereits eine gute Tradition. Es wurde bereits viel getan. Wir werden die schon vorbereiteten und laufenden Programme weiterführen.

An welchen Vorbildern orientieren Sie sich persönlich und in Ihrem Wirken? Steht Ihnen ein bestimmtes „Bischofsideal" vor Augen?

In aller Regel ist man von Menschen fasziniert, die jene guten Eigenschaften ausstrahlen, die einem selbst fehlen. Mich ziehen Heilige an, die eine tiefe Demut, Langmut und Stille haben, und da ist Maria die Königin. Sie hat ihre eigenen Pläne verloren, sie hat ihr „Ja" gesagt und der Welt Christus geschenkt. Sie wurde zum blauen Himmel, auf dem die Sonne Jesus erstrahlte. Sie war die Stille, in der die göttliche Harmonie ertönte; sie war die Dienerin des Heils, und sie war die Königin der Apostel, obwohl sie keine einzige Predigt gehalten hat (wenn wir nicht das Magnifikat als solche ansehen wollen). Sie ist ein zeitgemäßes Beispiel für heutige Apostel.

Ein lebendiges Beispiel eines echten Bischofs war für mich mein Freund, Bischof Klaus Hemmerle von Aachen: dauernd in Gott versunken, in seiner Liebe, die er ausstrahlte, jederzeit offen für das Gespräch mit allen, alle zu einer Weggemeinschaft einladend. Dabei fehlte nicht das Kreuz, doch er sah es immer als Quelle neuen Lichts.

Kirche und Gesellschaft vor und unter dem Regime

Wie war die Stellung der Kirche in der Gesellschaft vor Beginn der kommunistischen Ära?

Schon vor dem Machtantritt der Kommunisten lebte die Kirche in einem Ghetto. Der Glaube des Gottesvolkes war durch starke Traditionsverbundenheit gekennzeichnet, und das kirchliche Leben war – wenn man es überspitzt ausdrücken will – stärker von der bürgerlichen Gesellschaft und ihren Strukturen, ihrer Mentalität, ihren Gewohnheiten und ihrem Geist geprägt als vom Wort Gottes und vom Geist des Evangeliums; wir stützten uns auf uns selbst und unsere Fähigkeiten.

Die jahrzehntelange Zugehörigkeit zur Habsburger Monarchie hat ein übriges zu diesem Ghettodasein beigetragen: Die Kirche wurde als österreichisch-ungarisch eingestuft und genoß folglich in der Gesellschaft wenig Ansehen.

Wir waren völlig unvorbereitet auf die Konfrontation mit dem Kommunismus. Die neuen Bischöfe, die kurz vor dem Umsturz von 1948 ihren Dienst antraten, hatten die harte Schule des Zweiten Weltkriegs hinter sich; sie lebten persönlich heiligmäßig, konnten aber die Ereignisse nicht wesentlich beeinflussen.

Gab es außerhalb der Kirche oppositionelle Kräfte?

Das Denken war weitgehend säkularisiert. Dem größten Teil der Intelligenz war die kommunistisch-materialistische Ideologie nicht ganz zuwider. Die andersdenkende Intelligenz und die führenden Männer der Kirche wurden gleich zu Beginn der kommunistischen Ära entfernt.

Folglich hatte die kommunistische Ideologie ein leichtes Spiel?

Ja. Die Vision einer „endlich neuen, gerechten Gesellschaft“ und die Hoffnung auf mehr Wohlstand waren für die vielfach materialistisch eingestellten Menschen in der Nachkriegszeit so verlockende Ziele, daß man die philosophischen Irrtümer dieser Ideologie übersah und ihr mit blindem Enthusiasmus folgte. Mögliche Bedenken wurden weggewischt; allzu attraktiv war die Vision einer neuen Gesellschaft. Das verheißene Paradies vor Augen, waren die Leute bereit, auch Ungerechtigkeiten in Kauf zu nehmen. All das war wohl nur in der Woge der Begeisterung nach dem Schrecken des Krieges möglich. Die kommunistische Propaganda schrieb lügnerisch die ganze Befreiung ausschließlich der Sowjetunion zu und nützte die unkritische Haltung der Menschen dazu aus, eine prokommunistische Atmosphäre zu schaffen.

Zugleich hatten die Kommunisten klare Vorstellungen vom antireligiösen Kampf, der, wie aus dem zeitlichen Abstand sichtbar wird, auf den Kern des kirchlichen Lebens abzielte. Er war verbunden mit rücksichtsloser Übertretung der Menschenrechte, was die damalige demokratische Gesellschaft des Westens schockierte. In seiner Orientierung auf materielle Güter hat das Volk die geistige Leere und den tiefen Wertemangel des Kommunismus einfach hingenommen; die kommunistische Propaganda mit ihrer Glorifizierung des Materiellen war außerordentlich erfolgreich. Dabei wurde die Sowjetunion als Vorbild hingestellt. Umgekehrt wurde alles, was anders war – das westliche Wertesystem, die Kirche und ihre Sendung –, in ein negatives Licht gesetzt und mit negativen Vorzeichen versehen. Es galt als „fortschrittsfeindlich, volksfeindlich, konterrevolutionär, reaktionär, antinational und antisozialistisch“. Personen, die sich nicht unterordnen wollten, waren „Reaktionäre, Finsterlinge, Toren, Ungebildete“. Als „Feinde des Fortschritts des Volkes, der Nation“ konnten die Gegner des Kommunismus leicht liquidiert werden. Die Mehrheit des Volkes hat dies alles geschluckt. Ein Grund dafür war gewiß auch, daß die Kommunisten sehr schnell die freie Presse beseitigt und alle Informationsmittel in ihrer Hand vereint hatten.

Dies alles diente dem Aufbau einer Gesellschaft, die genau das Gegenbild zur christlichen Perspektive war?

Es war der Versuch, eine neue Gesellschaft aufzubauen, in der der Geist fast völlig ausgelöscht war. Man wollte eine Gesellschaft, die ein nie erhofftes Glück vermitteln sollte. Einheit wollte man auf allen Ebenen verwirklichen („Proletarier aller Länder, vereinigt euch!“), und die Massen sollten zu einer Freiheit geführt werden, die weiter und umfassender als die des Westens sein sollte. Die neue Gütergemeinschaft sollte ein nie dagewesenes Paradies schaffen. Dies alles ausschließlich mit menschlichen Kräften, auf der Basis des Klassenkampfs, unter totalem Ausschluß des Geistes und der Liebe: wirklich, ein Weg, der dem Weg Gottes vollkommen entgegengesetzt war.

Das Ergebnis hat man dann gesehen ...

Das konnte nicht ausbleiben. Statt des versprochenen Glücks kam das Unglück des Stalinismus mit unvorstellbarem Leid und Abertausenden von Toten; statt der erwarteten Freiheit eine Sklaverei, die alles Bisherige übertraf; statt der Einheit die Auflösung, eine nie dagewesene Vereinzelung und Vereinsamung der Menschen; im wirtschaftlichen Bereich anstelle einer neuen Gütergemeinschaft zermürbender Egoismus und Armut und schließlich der völlige Zusammenbruch. Statt des erträumten Paradieses tat sich eine abgründige Hölle auf.

Mit der kommunistischen Ideologie war ein ganz spezifisches Wahrheitsverständnis verbunden ...

In diesem Bereich kam das kommunistische Monopol am stärksten zum Tragen. Von Anfang an stand im Staatswappen unserer Republik die Losung „Die Wahrheit siegt!“. In den Schulen und im ganzen Leben galt nun die kommunistische Ideologie, und sie relativierte die Wahrheit, machte sie abhängig von partikulären Interessen einer Gruppe, der Partei. Wahrheit sei, so sagte man, was der Arbeiterklasse diene. Diese „Wahrheit“ war ein vorgegebenes, nicht diskutierbares Axiom. Dementsprechend wurde zum Beispiel eine Revolution in den Entwicklungsländern, wenn sie im Interesse der kommunistischen Politik war, „progressiver Kampf der Arbeiterklasse“ genannt. Ansonsten handelte es sich um einen „Kampf der kapitalistischen Banden“. Alles, was im sozialistischen Lager geschah, war progressiv und positiv, im kapitalistischen System dagegen war alles negativ.

Wie wirkte sich diese Ideologisierung im Alltag aus? Und wie haben die Leute darauf reagiert?

Im Alltag führte sie zu vielen Verstellungen. Die Wahlen waren eine große nationale Lüge, in die fast alle hineingerissen wurden. In den Schulen beteten die Schüler ohne Überzeugung nach, was man ihnen beibrachte. Manchmal waren sich Lehrer und Schüler darüber im klaren, daß das, was gelehrt wurde, eine Lüge war, aber man eignete es sich dennoch an. Die Eltern erzogen ihre Kinder entsprechend, gaben ihnen selbst dieses Beispiel. Die Kinder wurden ermahnt, in der Schule die eigene Überzeugung zu verschweigen und wie Papageien zu wiederholen, was ideologisch geboten war. Ebenso verhielten sich die Erwachsenen bei den öffentlichen Versammlungen. Die meisten setzten eine Maske auf. Es war ein Leben in der Schizophrenie. Ich verurteile das nicht; ich kann nicht sagen, ob die Menschen eine Chance hatten zu widerstehen, ob sie sich hätten widersetzen können. Das lasse ich hier offen. Aber man lebte in der Lüge und mit der Lüge.

Was Sie hier sagen, deckt sich mit dem, was Präsident Havel in seinem Buch „Versuch, in der Wahrheit zu leben" beschreibt ...

Vierzig Jahre hindurch mußten die Menschen immer stärker den Eindruck gewinnen, daß die Wahrheit etwas Beliebiges sei. Wo die Wahrheit egoistischen Interessen untergeordnet ist, wird entscheidend, was jetzt und heute für mich gut ist; jeder Manipulation ist damit Tür und Tor geöffnet. Der Mensch wurde sich selbst zum Ursprung und Maß der Wahrheit – auf Kosten einer echten Suche nach der Wahrheit. Diese wurde nur noch als unwichtige, nebensächliche Privatangelegenheit verstanden. So hat der Staat beispielsweise die religiöse Überzeugung zur reinen Privatsache erklärt. Die Wahrheit ist aus der Gesellschaft „emigriert" in die bloße Innerlichkeit des einzelnen.

Im praktischen Leben führte dieses Verständnis der Wahrheit zu Unehrlichkeiten. Viele Menschen waren in sich gespalten, und das ging oft zu Lasten der Zuverlässigkeit und des Verantwortungsbewußtseins. Die moralischen Werte waren keine festen Bezugspunkte mehr, sie schwanden in großem Maße aus dem Leben. Es kann nicht verwundern, daß ein Immanentismus dieser Art, der jede Transzendenz ablehnt, moralische Werte nicht ernsthaft begründen kann.

Die ideologischen Positionen wurden zu einem System erhoben, das sich auf institutioneller Ebene im kommunistischen Monopolanspruch auf die Kultur und die Massenmedien ausdrückte. Vom Monopol der „Arbeiterklasse und ihrer Vorhut, der Kommunistischen Partei", war es nur ein kleiner Schritt zum „Unfehlbarkeitsanspruch". Die Partei hatte immer recht. Sie irrte sich nie, und deshalb mußte sie nie ihre eigene Schuld bekennen. Notfalls fand sie immer einen Sündenbock. Die Partei hat die Freiheit des Denkens, die Pluralität der Gesellschaft und alle kreativen Initiativen auf dem Gebiet der Kultur und des Denkens zerstört, und dies hat sich auch auf die Einstellung zur Arbeit ausgewirkt.

Welche Folgen hatte dieses Zwangssystem für die zwischenmenschlichen Beziehungen?

Der natürliche Zusammenhalt der Menschen wurde weithin zerstört. Das kommunistische Monopol brachte eine Disgregation, eine Zerstückelung der Gesellschaft hervor. Die zwischenmenschliche Kommunikation im kleinen Kreis wie auch auf größerer Ebene wurde zersetzt, und dies führte allmählich zu Isolation, zum Rückzug ins Privatleben. Die Sensibilität für das gemeinsame Wohl, für die öffentlichen Angelegenheiten, für die Politik gingen allmählich verloren. Dieses Phänomen des Partikularismus prägte vierzig Jahre das Denken des einzelnen, der kleineren oder größeren gesellschaftlichen Gruppen, auch in der Kirche und nicht zuletzt zwischen unseren beiden Nationen, zwischen den Nationalitäten.

Heute wären in unserer Gesellschaft soziales Denken, Initiative und das Wissen um die eigene Verantwortung vonnöten. Doch mir scheint, daß manche negative Erscheinungen der Vergangenheit durch den Privatisierungsprozeß noch verstärkt werden. Die Wandlung des kommunistisch deformierten Herzens steht noch aus.

Ein wichtiges kommunistisches Prinzip war der Klassenkampf. Inwieweit hat er die Menschen geprägt? Sehen Sie Nachwirkungen davon?

Der Klassenkampf richtete sich zunächst gegen die großen Gegner des Kommunismus: gegen Unternehmer, Land- und Gutsbesitzer, gegen die Kirche, deren Eigentum man beschlagnahmen wollte. Dadurch hat man besonders das Land, die Dörfer zerrissen. Später wurden alle beliebigen Gegner zu Klassenfeinden abgestempelt und ausgeschaltet.

Diese Einstellung des Hasses hat die zwischenmenschlichen Beziehungen in allen Bereichen des Lebens beeinflußt. „Wachsamkeit" war eine wichtige Eigenschaft jedes Kommunisten: Er mußte überall den Klassenfeind „entlarven". Das war auch ein Weg, Fehler zu verdecken und das eigene Gewissen zu beruhigen ... Wie einfach dieses Prinzip für eigene Zwecke zu mißbrauchen war, leuchtet ein. Beispielsweise fragte eine Lehrerin die Kinder in der Klasse, wer von ihnen noch an Gott glaube. Einige meldeten sich. Die Lehrerin forderte die anderen

Kinder auf, sie auszulachen, weil sie „rückständige Obskuranten“ seien.

Ein Denken in den Kategorien des Klassenkampfes ist Gift für den zwischenmenschlichen Dialog. Dieser bedarf der einigenden Kraft der Liebe, die die Menschen füreinander öffnet. Wenn ich den anderen in einem echten Dialog kennenlernen will, muß ich zuerst die Brücke des Vertrauens zu ihm bauen; dadurch wird auch der andere für mich offen. Haß verschließt und trennt, er schafft eine Hölle; die Liebe dagegen öffnet, verbindet, bildet Gemeinschaft – ein Vorgeschmack des Paradieses. Haß und Liebe spielen im Prozeß des Erkennens eine wichtige Rolle ...

Mit der Auslöschung der Initiative des einzelnen ging die Vermassung im Kollektiv einher, eine bewußte Verhinderung eigenständiger Persönlichkeitsentfaltung ...

Das kommunistische Monopol brachte notgedrungen einen Kollektivismus im Denken hervor. Man duldete keine Andersdenkenden. Es gab daher nur sehr wenige selbständige, unabhängige, nichtkommunistische Experten aus früheren Zeiten. Man schuf ein Bedürfnis, geführt zu werden. Das galt besonders für die breiten Schichten der Bevölkerung. Die Folgen zeigten sich in der revolutionären Welle: Die Leute ließen sich von Persönlichkeiten, von Führern mehr mitreißen als von einem Programm.

Der kommunistische Staat hatte, wie Sie sagen, einen gut vorbereiteten Plan zur Vernichtung der Kirche. Sie haben einmal geäußert, es liege etwas Dämonisches darin, daß Atheisten von sich aus zu einer so tiefgreifenden Erkenntnis der Kirche und ihrer inneren Grundlagen kamen. Könnten Sie dies etwas näher ausführen?

Der erste Schritt war die Vernichtung der Hierarchie. Alle Bischöfe wurden aus ihren Diözesen zwangsweise entfernt – entweder konfiniert, auf einen entfernten Ort ohne Kontaktmöglichkeiten mit der Diözese verwiesen, oder ins Gefängnis gesteckt. Parallel lief die moralische Vernichtung, die Diffamierung. Auf den Platz der Bischöfe setzten die Kommunisten Priester, die sich ihnen irgendwie verpflichtet fühlten oder die sie sonstwie in der Hand hatten. Über diese Personen wollten sie die Kirche manipulieren und einen Prozeß der inneren Selbstzerstörung einleiten. Sie versuchten also, ein schlechtes Image der Kirche zu schaffen und unter den Gläubigen tiefe Uneinheit und Mißverständnisse zu stiften.

Ein zweiter Schritt war die Zerstörung der Gemeinschaft der Ordensleute und Priester. Da die Ordenskommunitäten fest geschlossene Einheiten darstellten, entschlossen sich die Kommunisten bereits Anfang der 50er Jahre zu einem offenen terroristischen Angriff, der die 40jährige Verfolgung der Kirche durch den Staat einleitete. Eines Nachts wurden alle Männerklöster unter dem Vorwand, sie seien „Zentren zur Vorbereitung der Konterrevolution", überfallen. Die Klöster wurden geschlossen, die Ordensleute in besonderen Konzentrationslagern interniert. Als „Agenten einer fremden Macht" stellte man die Vertreter der Orden vor Gericht; sie wurden zu vielen Jahren Kerker verurteilt.

Die Gemeinschaft der Weltpriester hingegen war leider sehr, sehr lose – sofern man überhaupt von einer wirklichen Gemeinschaft des Diözesanpresbyteriums sprechen kann. Deswegen entschied sich das Regime zu einer anderen Vorgehensweise. Die führenden Persönlichkeiten, die aktivsten Priester wurden inhaftiert, die übrigen isoliert. Mit der Priestergemeinschaft „Pacem in terris" gründeten die Machthaber eine Kollaborationsorganisation; trotz ihres kirchlichen Anstrichs war man sich in der Kirche ihres wahren Charakters völlig im klaren. Diese Priester hat der Staat oft im Fernsehen „vorgezeigt“ und über den Frieden reden lassen; sie sollten den Eindruck erwecken, daß auch die Kirche „mitmache“. Sie wurden nicht genötigt, Kommunisten zu werden; es genügte, daß sie sich positiv über den Staat und seine Politik äußerten oder zumindest zu allem schwiegen. Da der Anschein erweckt wurde, daß die Kirche auf seiten des Regimes stehe und seine Politik unterstütze, konnte man jene, die nicht zustimmten, moralisch schwächen; außerdem versprach man sich eine positive Wirkung auf das Ausland. Die innere Zerrissenheit der Kirche wurde dadurch weiter vertieft: Es wuchsen Uneinheit und Mißtrauen sowohl zwischen Mitgliedern und Nichtmitgliedern der Gemeinschaft „Pacem in terris“ als auch zwischen Priestern und Laien. Die meisten Priester wurden Mitglied dieser Organisation durch Einschüchterung, doch auch sie wurden von manchen Laien als Kollaborateure betrachtet. Gespaltenheit, Zerrissenheit, Barrieren des Mißtrauens kamen auf, und damit war die dämonische Absicht erreicht. So war die Kirche bis ins Herz getroffen: eine Kirche ohne Bischöfe, eine Herde ohne Hirten. „Ich will den Hirten schlagen, und die Schafe der Herde werden zerstreut werden“ (Mt 26,31). Das war die Absicht: die Kirche als *communio* zu vernichten, ausgehend von ihren Führern.

Wie sahen die weiteren Etappen dieses Kampfes gegen die Kirche aus? Welche Rolle spielte in diesem Zusammenhang die Infiltration in kirchliche Kreise?

Um die Kirche zu spalten und ihre Mitglieder auf die Seite der Partei zu ziehen, erklärten die Kommunisten, die damalige Katholische Aktion ginge mit dem „Volk“. In den Zeitungen erschienen tagelang ganze Seiten mit Namen führender Persönlichkeiten, Priester und Laien (auch viele Namen bereits Verstorbener waren darunter), mit der Erklärung, sie stünden auf der Seite der Revolution.

Der nächste Schritt war die Beschränkung kirchlicher Aktivitäten auf das Gebiet der Liturgie, die erzwungene Beschränkung auf eine Art „Sakristeichristentum". Jugendarbeit, Vereine, soziale, kulturelle oder sonstige Tätigkeiten wurden verboten. Die Priester bedurften zur Ausübung ihres Dienstes einer staatlichen Genehmigung; den Laien wurde jede Betätigung mit Ausnahme von Ministranten-, Küster-, Organisten- und Sängerdienst verboten, und auch in diesen Bereichen konnte es als „ungünstig" gewertet werden, wenn es in einer Gemeinde „unnötig viele" Ministranten oder einen zu großen Kirchenchor gab. Neben diese restriktiven Maßnahmen trat die atheistische Propaganda. In den Medien wurde der Glaube als etwas Überholtes dargestellt; die Gläubigen waren damit als rückständige Personen abgestempelt. Man wollte ein Klima schaffen, in dem man sich schämen mußte, wenn man öffentlich Zeugnis ablegte. Besonders für einen Jugendlichen war es schwer, sich zu etwas derart „Rückständigem" wie dem Christentum zu bekennen.

Nicht zu vergessen ist die allgegenwärtige Angst. Durch Verhöre, Drohungen und die gelegentliche Bestrafung von jemandem, der sich nicht an die Vorschriften gehalten hatte, wurde diese Atmosphäre der Angst von der Geheimpolizei gezielt geschürt und aufrechterhalten.

Trafen diese Maßnahmen die Christen in Stadt und Land in gleicher Weise?

Die Durchschnittsbürger in traditionsgebundenen ländlichen Regionen hatten keine großen Schwierigkeiten. Sie konnten in die Kirche gehen, falls sie nicht Lehrer waren oder andere Schlüsselpositionen innehatten. Da sie andere Ausdrucksformen kirchlichen Lebens, etwa Familiengruppen oder sonstige Gemeinschaften, ohnehin nicht kannten, änderte sich für sie nicht viel. Anders war es für die Jugend, die eine natürliche Sehnsucht nach Zusammenschlüssen hat und folglich stärker unter den Verboten litt. Da den Jugendlichen die Zukunft gehört, unterlagen sie einer besonderen, geradezu eifersüchtigen Überwachung durch die Partei. Wer sich etwas zuschulden kommen ließ, riskierte, nicht studieren zu dürfen und an der gewünschten Ausbildung gehindert zu werden, kurz: Er setzte die eigene Zukunft aufs Spiel. Stärker betroffen waren die Intellektuellen und jeder, der bewußter als Christ zu leben versuchte. Insgesamt wurde dadurch der Individualismus in der Kirche, der historische Wurzeln gehabt hatte, weiter verstärkt, die Atomisierung der kirchlichen Gemeinschaft fortgesetzt.

Wie arbeitete die Staatssicherheit?

Ich möchte die Frage ausweiten und vorab noch einmal auf die Gesamtsituation der Kirche unter dem Regime eingehen. Denn um sich ein Bild unserer heutigen Probleme machen zu können, ist es unerläßlich, sich diese Situation zu vergegenwärtigen. Früher konnte man ja nicht darüber reden; das wurde gleich als Verleumdung des Staates aufgefaßt.

Die Kirche war die einzige vom Staat erlaubte Großinstitution und stand von ihrem Wesen her in scharfem Gegensatz zum kommunistischen System. Der Staat hat sie zwar (nicht zuletzt des Auslands wegen) anerkannt oder, besser gesagt, geduldet, aber zugleich hatte er sie durch eine Reihe von Maßnahmen fest im Griff. Rechtliche Grundlage waren die Gesetze 218 und 219/49 *Sb* über die materielle Sicherung der Kirchen. Der Staat hatte ihnen jegliches Eigentum genommen und gewährte ihnen eine „großherzige“ materielle Versorgung. Aber gerade darin bestand das Tückische: Das Gehalt der Geistlichen war an die sogenannte „staatliche Zustimmung zur Ausübung seelsorgerischer Tätigkeit“ gebunden. Ihr Wirken unterstand also der staatlichen Aufsicht über die Kirche. Wenn das Regime feststellte, daß in einer Pfarrei die „Religiosität“ wuchs, veranlaßte der Staat (selbstverständlich auf dem kirchlichen Verwaltungswege) die Versetzung des Pfarrers in eine entlegene Ortschaft im Grenzgebiet oder in irgendein verfallenes Pfarrhaus. Zudem gab es in jedem Kreis die sogenannten „kirchlichen Beauftragten“, die wir richtigerweise „antikirchliche Beauftragte“ nannten; meistens handelte es sich um Angehörige der Staatssicherheit. Diese Beauftragten brauchten ihre Maßnahmen nicht zu begründen. Im schlimmsten Fall wurden einem Priester die staatliche Bewilligung zur Ausübung seiner Tätigkeit und das Gehalt entzogen. Die Kirche – der Bischof oder wer ihn vertrat – konnte in einem solchen Fall nicht eingreifen. Der betroffene Priester mußte sich eine Zivilbeschäftigung suchen und durfte sein Amt öffentlich nicht mehr ausüben, weder Gottesdienst feiern noch predigen. Es kam sogar vor, daß ein Priester nicht einmal privat zelebrieren durfte.

Neben diesen harten administrativen Maßnahmen, die mit Hilfe der „loyalen“ Organisation „Pacem in terris“ hinter einer freundlich lächelnden Fassade guter Beziehungen zwischen Kirche und Staat versteckt wurden, gab es auch die systematische Tätigkeit der entsprechenden Abteilung der Staatssicherheit. Sie überwachte durch ihre Spitzel in den Pfarreien und bei den Gottesdiensten sorgfältig das kirchliche Leben. Bischöfe wurden eingesperrt oder isoliert; Personen, die dem Regime irgendwie verpflichtet waren, wurden mit der Leitung der Diözesen betraut; „allzu aktive“ Priester wurden liquidiert, sie kamen ins Gefängnis oder zu den berüchtigten PTP, den Arbeitsbrigaden. Priester, die in dieser zerschlagenen kirchlichen Struktur noch übriggeblieben waren, wurden voneinander isoliert und blieben ohne Unterstützung durch die eigenen Vorgesetzten. Ein Priester durfte ausschließlich in der Pfarrei wirken, für die ihm die staatliche Erlaubnis erteilt worden war. Wenn ein Nachbarpfarrer wegen Krankheit oder sonstiger Schwierigkeiten eine Vertretung brauchte, mußte dazu eigens eine staatliche Einwilligung eingeholt werden. Wollte ein Priester seine Verwandten in seiner Heimatpfarrei trauen oder seine eigene Mutter beerdigen, durfte er das nur mit einer besonderen Erlaubnis des Kirchenbeauftragten. Und da die Angehörigen der Staatssicherheit eventuelle persönliche Probleme, Fehler und Charakterschwächen des Priesters, z. B. seine Ängstlichkeit, ausnutzten, ist verständlich, daß unter solchem Druck manch einer in dieser Maschinerie hängenblieb.

Die Kommunisten verstanden es also, die Schwächen der Kirche in ihrem Sinne auszunutzen ...

Sie nutzten die Bindung der Gesellschaft an die Bedürfnisse des irdischen Lebens, an die „Fleischtöpfe“, aus; der schwache Glaube, der nur unzureichend im Wort Gottes, im Evangelium verankert war, kam ihnen dabei sehr zugute. Viele lebten nach den Maßstäben der Welt. Daher konnte die Angst ausgenutzt werden; denn jeder wollte sich selbst retten, mit seiner eigenen Kraft und seinen Fähigkeiten ... Im Kern zielte der Angriff auf die Einheit der Kirche.

Galt die Verfolgung in besonderem Maße der katholischen Kirche, oder waren alle christlichen Bekenntnisgemeinschaften in gleicher Weise betroffen?

Die nichtkatholischen christlichen Bekenntnisse hatten unter dem Regime weniger zu leiden als die katholische Kirche, da sie als zahlenmäßig kleine Kirchen ideologisch für weniger gefährlich angesehen wurden und auch nicht über so starke Auslandsbeziehungen verfügten wie die katholische Kirche. Diese war bei uns Mehrheitskirche. Ökumene gab es höchstens auf der untersten Ebene, engere Beziehungen waren auf offizieller Ebene untersagt.

Immer wieder haben Sie auch positive Elemente dieser Zeit der Verfolgung ausgemacht. Was hat Sie dazu bewogen?

Als diese Katastrophe über uns kam, hofften wir alle, auch die Bischöfe, daß alles bald ein Ende nehmen würde, daß es zum Umsturz käme, daß uns der Westen befreien würde, daß die Amerikaner eingreifen und die Kommunisten vertreiben würden. In dieser Erwartung haben wir die ersten Jahre durchlebt. Die ungarischen Ereignisse von 1956 haben uns anfangs darin noch bestärkt. „Wir mischten uns mit Heiden und lernten ihre Sitten. Wir dienten ihren Götzen, und diese brachten uns zu Fall, ... durch unsere Werke wurden wir so untreu ..., der Herr ... gab uns in der Heiden Hand, und unsere Hasser herrschten über uns“ (Ps 106, 35.36.39.41). Wir haben uns einfach auf Menschen verlassen. Und darum hat Gott uns nicht geholfen. Er wollte uns zuerst von unseren „Götzen“ befreien und hat uns von unserer heidnischen, ungläubigen Gesinnung gereinigt. Allmählich haben wir begriffen, daß uns nicht die „Rosse und Wagen“ retten werden, und wir verstanden die Worte Jesajas: „Wehe denen, die um Hilfe nach Ägypten ziehen, sich auf Pferde verlassen ... Auch der Ägypter ist nur ein Mensch und kein Gott ..." (Jes 31,1.3) „Nichtig und nutzlos ist die Hilfe Ägyptens" (Jes 30,7). Irgendwo hier begann die Wende, der Wandel unserer Gesinnung. Damals haben wir erfahren, daß die äußere Freiheit nicht das einzige und höchste Gut ist. Wir hörten mit dem Warten auf den Umsturz auf und begannen statt dessen den Herrn zu suchen. Daraus erwuchs eine innere Freiheit, die sich nicht mehr unterdrücken ließ. Wir sahen die Ereignisse nun auch von einer anderen Seite, in einem neuen Licht: Gott hatte seine Kirche von allem befreit – alle ihre Güter waren ihr genommen, ihre ganze Organisation, ihre Reputation vor den Gläubigen war dahin. „Wir sehen unsere Zeichen nimmer, und Propheten gibt es keine mehr", sagt die Schrift (Ps 74,9). Wir sahen, daß viele verführt wurden durch „Macht, trügerische Zeichen und Wunder", und wir begriffen, daß dies geschah, „weil sie der Liebe zur Wahrheit nicht Einlaß gaben, um gerettet zu werden. Daher schickt ihnen Gott die Kraft der Verführung, daß sie der Lüge glauben, damit alle das Gericht erfahren, die der Wahrheit nicht glaubten, sondern Gefallen hatten am Frevel" (2 Thess 2,9-12). Allmählich erahnten wir Gottes Absicht mit uns: Es war eine Zeit der Wüste, ein Weg in ein neues Land. Statt auf Menschen zu bauen, fingen wir an, uns für Gott zu öffnen. Das war der Beginn einer neuen Entscheidung für Gott, der Anfang unserer „Rückkehr". Die Erwartungen der 50er Jahre, die innere Emigration, das „Erheben der Augen zu den Bergen, von denen mir Hilfe kommt" (vgl. Ps 121,1) – all dies hatte sich verändert. Wir waren jetzt frei: frei von der Angst, von den äußeren Umständen, von dem Wunsch, uns selbst zu retten, frei von materiellen Dingen, vom Vertrauen auf die eigenen Kräfte. Nunmehr fühlten wir uns innerlich frei von der kommunistischen Sklaverei.

Wie ist diese Zeit der „Wüste" fruchtbar geworden?

Ich kenne viele, die gelitten haben, verfolgt waren, im Gefängnis saßen, Menschen, die keine Schmähungen aussprachen, obwohl sie geschmäht wurden: Priester und Ordensleute, Familienväter, Arbeiter und Akademiker. Sie legten ihre Kreuze ins Gebet und in die heimlich gefeierte Messe hinein. Ich kann sagen, daß das Kreuz für uns nicht so sehr ein Marterholz war, sondern eine Quelle der Kraft, des Geistes, des Lebens. Das Kreuz der Verfolgung hat uns geläutert. Für mich selbst war insbesondere die Prager Zeit als Fensterputzer eine Art langer geistlicher Exerzitien.
Allmählich haben wir, wie gesagt, die Angst verloren und fanden den Mut, über Vorschriften, die nicht rechtens waren, hinwegzugehen. Das kurze Intermezzo des Prager Frühlings und sein jähes Ende haben diese Entwicklung nicht gehemmt, sondern gefestigt. Allmählich formierte sich die Kirche im Untergrund; trotz der Verbote entwickelten sich kirchliche Aktivitäten, man traf sich in Gruppen, und es bildeten sich Gemeinschaften. Auf einmal wurde das starke Verlangen nach Gemeinschaft wach, die uns lange abgegangen war, ohne daß wir uns dessen recht bewußt gewesen wären. Es bildeten sich Studiengemeinschaften, Gebetsgemeinschaften, Gemeinschaften um das Wort Gottes ... Was wir damals entdeckt haben, war eine lebendige Kirche. Wir wußten sehr wohl, daß wir uns in Gefahr begaben und manches riskierten, aber wir waren glücklich, daß wir einen Lebensraum, ein Zuhause, eine Familie, eben: Kirche gefunden hatten.

Die ständige Gefahr drängte uns noch stärker, Gott an

die erste Stelle im Leben zu setzen. Deshalb begannen wir, unser Leben am Evangelium auszurichten; wir versuchten, jeweils ein bestimmtes Wort des Evangeliums in die Tat umzusetzen, so gut wir konnten. Unser Leben füllte sich mit Licht. Manchmal hatten wir den Eindruck, daß an uns das Wort des Herrn Wirklichkeit wurde, das bei Ezechiel (34,12) steht: „Wie ein Hirte sich um seine Herde sorgt ..., so nehme ich mich meiner Schafe an." Also zuerst Gott, sein Wort, und dann erst die anderen Werte, die durch diese Grundentscheidung ihren rechten Platz erhalten.

Von der Angst befreit, fanden viele Christen den Mut, sich zu treffen. In den Sommermonaten verabredete man sich in den Wäldern und Bergen, wo man der Überwachung entgehen konnte; auf diese Weise entstanden Gruppen, die ein Ausdruck lebendiger Kirche waren. Im Untergrund studierten Priesterkandidaten, die dann in der Heimat oder im Ausland geweiht wurden. Sie konnten den neuentstandenen kirchlichen Gruppen besser dienen als die bekannten und bespitzelten Priester.

In dieser Zeit wurde Kardinal Tomásek immer mehr zu einer Symbolgestalt, zum Zeichen der Treue zum Papst und zur Kirche. Um ihn schloß sich die Kirche enger zusammen. Ein Beispiel dafür ist eine Unterschriftenaktion in den Jahren 1987/88. Damals war schon sichtbar, daß die Kirche bei einer eventuellen politischen Wende eine wichtige Rolle spielen würde.

Wie spielte sich das Leben dieser Gruppen im Untergrund ab? Was konnten sie sich „leisten"?

In den letzten Jahren des Regimes wußten wir ziemlich genau, wie weit wir gehen konnten. 1986 beispielsweise war ich bei einem Treffen mit 450 Gläubigen dabei. Offiziell war so etwas natürlich nicht erlaubt. Aber unter dem Vorwand, eine Silberhochzeit zu feiern, konnten wir in einem Dorf über das Wochenende das Kulturhaus mieten. Ich habe dabei zelebriert, gepredigt und die Kommunion ausgeteilt. Die Überwachung von außen hat uns nicht sehr gestört. Wenn alle zusammenhielten, konnte man schon einiges unternehmen.

Wirkte das Leben dieser Christen auch über die eigenen Reihen hinaus?

Nach dem Zweiten Weltkrieg und zu Beginn des Kommunismus sind zahlreiche Leute in die Partei eingetreten. Aber nach und nach haben viele den Irrtum erkannt, doch sie hatten Angst, aus der Partei auszutreten. Schon in den 60er Jahren, und verstärkt nach dem Scheitern des Prager Frühlings, brachen viele Hoffnungen der 50er Jahre zusammen. Nicht wenige verloren das Vertrauen in die falschen Apostel jener Zeit. In jedem menschlichen Herzen bleibt die Sehnsucht nach dem Guten und der Wahrheit; der Verlust der sozialen Grundwerte hat die Suche, besonders der jungen Menschen, beflügelt.

Die bewußte Orientierung am Wort Gottes, wie ich sie in der Fokolar-Bewegung erlebte, stiftete Gemeinschaft, und dies war in einer Zeit, in der unter dem Druck des Regimes viele Beziehungen in die Brüche gingen, für uns eine besondere Gnade. Vor allem das Wort Jesu: „Liebt einander, wie ich euch geliebt habe!" hat uns in den Bedrohungen und Gefahren zusammengeschweißt. Langsam verstanden wir, worauf es ankam: sich Jesus und seinem Geist überlassen, seinem Wort, seinem Licht; wir brauchten nicht auf einen Staatsstreich zu warten, um befreit zu werden: Der Geist hatte uns frei gemacht.

In solchen lebendigen Zellen von Kirche haben wir

existentiell erfahren, daß es andere Werte gibt als die offiziell propagierten, und diese Erfahrung konnten wir auch jungen Leuten weitergeben. In der Leere, die durch den Zusammenbruch unserer alten Hoffnungen entstanden war, begann der Heilige Geist zu wirken. Auf der Suche nach dem Sinn ihres Lebens sind viele zum Glauben gekommen.

Die Kirche hat also nicht nur überlebt, sondern ist aus der Prüfung gereinigt hervorgegangen. Durch das Festhalten am Glauben an die Liebe Gottes sind auch aus dem Übel des Kommunismus Kraft, Leben und Bekehrung erwachsen.

Die Kirche und die „sanfte Revolution“

Worin sehen Sie die Ursachen für den Umsturz, die „sanfte Revolution“?

Viele spürten, daß man ohne Wahrheit und ohne Liebe auf Dauer nicht leben kann. Die Sehnsucht nach diesen Werten wuchs von Tag zu Tag und fand dann in der samtenen Revolution ihren Niederschlag: Wir wollen nicht mehr in der Lüge, im Haß leben, wir wollen die „Wahrheit in der Liebe“ – das sind Worte unseres Präsidenten Havel, der ein geistiger Leader der Revolution war.

Wie soll ich das erklären? Ich sehe auch hierin das Wirken des Geistes Gottes. Die Leute konnten ihre wahre Würde, den wahren Sinn ihrer Existenz nicht abseits der Wege des Heiligen Geistes finden. Mir scheint, daß uns etwas Außerordentliches widerfahren ist, und ich kann nicht anders, als dies mit dem Heiligen Geist in Verbindung zu bringen.

Inwiefern sehen Sie in den Entwicklungen jener Jahre ein Wirken Gottes?

Im Glauben wissen wir, daß der Mensch nicht selbst Schöpfer seines Lebens ist, daß Gott auch die Geschichte fest in seinen Händen hat und uns durch sie etwas sagt. Durch Umstände und Ereignisse gibt er uns Zeichen, Fingerzeige ...

So waren die vierzig Jahre in der Wüste für uns ein Zeichen, Kirche als lebendige Gemeinschaft zu begreifen: als Gemeinschaft unter den Bischöfen, Priestern und

Laien. Wir haben erlebt, daß Kirche nicht nur leben, sondern auch wachsen kann ohne Eigentum, ohne Gebäude, ohne große Organisation, ohne Theologie, nicht aber ohne Einheit in gegenseitiger Liebe. Was Gott in den vergangenen vierzig Jahren erneuert hat, war das Bewußtsein, wie entscheidend die Einheit unter uns Christen ist. Diese Erkenntnis wollen wir nicht verlieren, auch dann nicht, wenn uns die Gebäude zurückgegeben werden und wir einen größeren Freiraum für das kirchliche Leben haben.

Von dem anderen „Zeichen" haben wir bereits gesprochen: Es war die schmerzhafte Erkenntnis, daß wir uns nicht auf uns selbst, auf menschliche Strategien und Fähigkeiten, auf die Mächtigen und auf die Politik stützen dürfen, sondern auf Gott. Dies hatten wir lange nicht begriffen, und auch das war ein Grund, warum viele Priester Mitglied von „Pacem in terris" wurden. Sie wollten Frieden, einfach Ruhe haben und sich retten. Wir hatten die Rettung von Armeen und Panzern erhofft, und indessen kam sie durch den Herrn. Nicht nur Gläubige haben damals gesagt: Das ist ein Wunder. Unvergeßlich sind die Worte unseres Präsidenten auf dem Prager Flughafen bei der Ankunft des Papstes: „Ich weiß nicht, ob ich weiß, was ein Wunder ist, aber ich weiß, daß ich ein Wunder erlebe." Wir Christen haben damals den Psalm gebetet: „Wenn der Herr die Gefangenen zurück nach Sion führt, dann wird es uns sein, als träumten wir" (Ps 126,1). Wir hatten die Wende erwartet, und wir wußten, daß sie nahe bevorstand. Und doch waren wir sehr überrascht, als es tatsächlich soweit war. Wir hatten nicht damit gerechnet, daß dieser Umsturz derart schnell kommen würde. Wir waren eher auf einen allmählichen Übergang eingestellt, nicht auf einen so plötzlichen und totalen Zusammenbruch.

Kann man sagen, daß sich in den Jahren vor 1989 das Image der Kirche verbessert hat? Welche Rolle spielte in diesem Zusammenhang Kardinal Tomásek?

Zweifellos hat sich die Kirche in den Augen der Menschen langsam eine neue Position verschafft. Kardinal Tomásek verkörperte diesen Prozeß und wurde eine Symbolfigur für uns.

Doch lassen Sie mich an dieser Stelle noch etwas weiter zurückschauen und ein Wort zu seinem Vorgänger, dem Prager Erzbischof Josef Beran, sagen. Sein Kreuzweg begann vor rund 44 Jahren, als eine von ihm zelebrierte Messe gewaltsam unterbrochen wurde. Er hat seinen Bischofsstuhl nicht mehr bestiegen: Für ihn begann eine vierzehnjährige Internierungszeit, die Isolierung von Priestern und Gläubigen. Beran wurde zum Symbol der verfolgten Kirche und des versklavten Volkes. Aber das Ende seines Lebens wurde zum Vorzeichen des Sieges über das Böse. Es war die Zeit, in der das Weizenkorn in die Erde fiel ... Gott hat durch die Hände derer, die die Kirche verfolgten, das Leben der Gefolterten und Verhafteten als kostbare Saat der künftigen Ernte ausgesät. Es war die Zeit der Opfer, zugleich aber auch die Zeit der Läuterung.

Die zweite Hälfte der vier Jahrzehnte kommunistischer Herrschaft wurde von Kardinal Tomásek als der großen Symbolgestalt geprägt. Diese Zeit hat eine andere Charakteristik: den verborgenen und heimtückischen Kampf gegen die Kirche, der auf Spaltung und Isolierung zielte, also ein Angriff auf das eigenste Wesen der Kirche war. Der Kardinal, der planmäßig durch die staatliche Macht abgeschottet wurde, hat uns mit seiner Treue zum Papst die Richtung gewiesen. Er hat den Satz des Evangeliums gelebt: „Conforta fratres tuos!“ („Stärke deine Brüder“);

immer hat er den Glauben gestärkt und Hoffnung geweckt. Obwohl der Raum seiner pastoralen Tätigkeit sehr eingeschränkt war, hat Kardinal Tomásek nicht die Hände in den Schoß gelegt. Er hat sie erhoben zum Gebet, in der Kapelle hier auf dem Berg über der Stadt hat er zu Gott gebetet – wie Mose auf dem Berg Sinai. Der Kardinal hat um die Zukunft seines Volkes gerungen und alles Maria, der Mutter der Kirche, anvertraut.

Die Kirche war das einzige offiziell geduldete Zeichen des Widerstandes gegen die Staatsideologie. Der Kardinal trat öffentlich nicht nur für die Rechte der Kirche ein, sondern für die Rechte des Menschen. Der Kampf für die Freiheit der Kirche deckte sich mit dem Kampf um die Freiheit aller. Die ganze Gesellschaft hat das gespürt.

So wurde er zum Protagonisten der wahren, konkreten Einheit der Kirche mit den Menschen. Die Risse im kommunistischen Monolith haben sich mit der Zeit vergrößert, sei es durch das Einschreiten des Kardinals 1982 gegen „Pacem in terris“, sei es durch sein Erscheinen beim Jubiläum von Cyrill und Method in Velehrad 1985 oder die Unterschriftenaktion in den Jahren 1987-88. In diesem so vorbereiteten Raum entstand der großartige Plan eines Jahrzehnts der geistigen Erneuerung der Gesellschaft, wie der Kardinal im Jahre 1988 erklärt hat.

Wie haben Sie die Ereignisse im November ’89 erlebt?

Vielleicht war das Jahr 1989 das ereignisreichste Jahr der letzten Jahrhunderte. Es ist aus der Vergangenheit herausgewachsen und durch das – wie man bei uns sagt – „Agneswunder“ eröffnet worden. Die Ereignisse gipfelten in der Heiligsprechung der Agnes von Böhmen aus dem Herrscherhaus der Premysliden am 12. November 1989 in Rom. Tausende unserer Leute waren dabei –

schon das war ja ein Wunder, als viele tschechische Gruppen durch die Straßen Roms zogen und einander mit den kleinen tschechoslowakischen Fähnchen oder Agnes-Abzeichen grüßten. Rom gehörte uns. Das war ein Vorzeichen göttlichen Handelns schon vor der Revolution. Vorher hat man bei uns in manchen Gruppen diskutiert, wann zu Hause die Agnesfeierlichkeiten stattfinden sollten. Weil Kardinal Tomásek in Rom weilte und nicht gleich nach der Kanonisation zurückkehrte, konnten wir diese Feier erst am Sonntag, dem 25. November, halten. Eine Woche nach den Ereignissen in der Nationalstraße in Prag zogen damals Massen in die Prager Kathedrale. Kardinal Tomásek hat beim Dankgottesdienst im überfüllten Veitsdom erklärt: „Ich selbst und die ganze katholische Kirche, wir stehen an der Seite des Volkes." Die Bedeutung dieser Worte läßt sich kaum ermessen. Von der Kathedrale aus zogen alle Teilnehmer auf den Letná-Platz zu der großen Kundgebung, die den kommunistischen Staat erschütterte. Eine dreiviertel Million Menschen hatten sich versammelt. Ohne unsere Absicht kam es zur Verbindung der Feier der heiligen Agnes mit dem „Plebiszit" auf der Letná. Ich bin überzeugt, daß die Wende aus den Bemühungen und der politischen Tätigkeit vieler Menschen herausgewachsen ist, aber die Regie lag – das spürten damals alle – in der Hand Gottes.

Was war für Sie persönlich der bewegendste Moment jener Tage?

Als die Menge auf dem Letná-Platz die Entschuldigung zweier Angehöriger der sogenannten Schwarzen Baskenmützen (Kommandos, die auf der Nationalstraße am 17. November in Aktion waren) hörte und dann das Vaterunser betete ...

Vergangenheit und Neubeginn

Welches Bild bietet die tschechische Gesellschaft heute, nach den vergangenen vier Jahrzehnten?

Die Sorgen des Alltags, die schwierige ökonomische Lage haben die Hauptaufgabe der Erneuerung verdrängt. Viele von uns, ich spreche auch von Bischöfen, haben geglaubt, mit dem Fall des Kommunismus werde sofort eine Zeit der Harmonie beginnen. Auch in der Kirche haben wir vergessen, daß der Kommunismus den Menschen tief im Kopf und in der Seele stecken blieb.

Die Probleme, vor denen wir heute stehen, zeigen mir immer klarer, daß die Auswirkungen der zurückliegenden Jahrzehnte nicht nur die materielle, ökonomische und strukturelle Seite betreffen, sondern auch und vor allem das Herz, das Innere des Menschen.

Die Vernichtung des inneren Lebens – damals sozialistische Erziehung genannt – war das Ziel der tagtäglichen konzentrierten ideologischen Einwirkung; Schule, Presse, Rundfunk und Fernsehen wurden dafür in Dienst genommen ... Die Menschen wurden durch Einschüchterung und andere Methoden zum Mitmachen gezwungen. Vierzig Jahre waren Menschen im sozialistischen „Gefängnis" eingesperrt, von der übrigen Welt abgetrennt, einer Art systematischer „Gehirnwäsche" ausgesetzt. Die Literatur hat die Folgen ausführlich beschrieben. Der Prager Frühling 1968 war der Versuch einer Kurskorrektur, doch er blieb ein Intermezzo. Das vergiftete Milieu blieb erhalten, wenn auch die ideologische Beeinflussung Abnutzungserscheinungen zeigte ... Nach dem Umsturz hat sich ein neuer Raum aufgetan; wir sind bei ökonomischen Reformen, bauen eine neue Gesellschaft auf. Der Mensch aber, der alles plant und durchführt, blieb der alte. Er selbst ist sich dessen vielleicht nicht bewußt, auch die Gesellschaft nicht, aber die Deformationen der Vergangenheit zeigen sich auch heute noch. Man hat zwar versucht, aufzudecken, wer zum Geheimdienst gehörte, doch das Problem reicht sehr viel tiefer. Die innere Vergiftung ist geblieben. Mir scheint, daß man die geistigen, die inneren Schäden, die die Vergangenheit hinterlassen hat, zu wenig in den Blick nimmt.

Wenn es heißt, daß zwar der Kommunismus nicht ganz tot sei, wohl aber seine Ideologie, wird übersehen, wie sehr diese Ideologie auch heute noch die Herzen der Menschen prägt. Vieles davon ist immer noch lebendig, ohne daß es den Menschen bewußt wäre. Und das macht die Lage nur noch schlimmer.

So wird beispielsweise die Notwendigkeit moralischer Werte im Leben des einzelnen und der Gesellschaft oft verkannt, weil der primitive kommunistische Materialismus in den vergangenen vier Jahrzehnten die Sensibilität des Menschen für die Wahrnehmung des Transzendenten fast vollkommen zerstört hat.

Inwieweit ist die Mitarbeit der Kirche beim gegenwärtigen Aufbau der Gesellschaft erwünscht?

Allgemein kann man sagen, daß unmittelbar nach der Revolution ein großes Interesse der Gesellschaft und ihrer Repräsentanten am Aufbau der geistigen Grundlagen der Gesellschaft bestand. Die Öffentlichkeit zeigte Interesse am christlich-kulturellen Werterbe. Es fehlen die Wege und Formen, es zu vermitteln. Die Priester können es nicht, Laien mit entsprechenden Voraussetzungen stehen kaum zur Verfügung. Für Fernsehen und Rundfunk fehlen Experten. Die staatlichen Medien sind sich dieser gemeinsamen Aufgabe entweder noch nicht ganz bewußt, oder sie sind nicht imstande, dies zu leisten. In den Schulen möchte man das frühere Fach Politik durch Ethikunterricht ersetzen. Aber wo sind die Lehrer, die dafür ausgebildet sind? Selbst für den außerschulischen Religionsunterricht fehlen, besonders in den großen Städten, die nötigen Lehrkräfte. Es gab halt keine Katecheten, auf die man heute zurückgreifen könnte. Hauptamtlich angestellte Laien gibt es kaum.

Wie sieht heute, mehr als drei Jahre nach der „sanften Revolution", Ihre Bilanz des Verhältnisses zwischen Kirche und Gesellschaft aus?

Das ist eine politische Frage, die zu beantworten mir als Erzbischof nur bis zu einem gewissen Punkt zusteht. Natürlich muß die Kirche die Entwicklung seit der Revolution einer aufmerksamen Analyse unterziehen. Am Anfang war das Klima von einer großen Euphorie gekennzeichnet.

Wenn Sie wollen, können Sie die Entwicklung mit einer Ehe vergleichen: In der ersten Zeit scheint alles wunderbar, die Probleme bleiben im Hintergrund. Im Lauf der Zeit schwindet die Begeisterung, und man wird sich bewußt, daß es doch Probleme gibt ... Etwa drei Jahre nach den Novembertagen von '89 ist unverkennbar, daß an die Stelle der Euphorie die Desillusion getreten ist. Nach dem gemeinsamen Bemühen und dem starken Zusammenhalt der ersten Monate wurden zunehmend Unterschiede deutlich und Sonderinteressen geltend gemacht. Diese Situation hat leider gelegentlich zu einer Ablehnung der Kirche geführt. Anfangs sahen uns viele als bestimmende Kraft innerhalb der großen gesellschaftlichen Allianz gegen den Kommunismus. Damals wies man uns die Aufgabe zu, die Basis für die Sicherung moralischer und geistlicher Werte zu legen. Heute hingegen wollen einige Kreise uns nicht mehr als Weggefährten auf dem langen Weg zu einem endgültigen Sieg der Demokratie haben, den unser Land erhofft.

Woran könnte dieser Stimmungsumschwung liegen?

Nach der Revolution übertrug das Fernsehen eine Reihe kirchlicher Veranstaltungen und Versammlungen, auch den Papstbesuch. Wir Bischöfe waren damals, öfter als uns lieb war, im Fernsehen. Jedenfalls konnte der Eindruck entstehen, daß die Kirche im Staat bestimmt. Kurz nach der Revolution haben zwar jene Politiker, denen die Kirche nicht ins Konzept paßte, noch nicht gewagt, sie offen zu verleumden. Doch um so heftiger griffen sie im Wahlkampf 1990 mit allen, auch mit schmutzigen Mitteln einige politisch engagierte Christen an. Das hat bei uns zu einer Ernüchterung geführt. Wir haben gesehen, daß unser Präsident sich eine enge Mitarbeit der Kirche wünscht, besonders beim Aufbau der moralischen Grundlagen des Staates, daß es aber auch Gruppen gibt, die das verhindern wollen.

Verbirgt sich dahinter zum Teil auch ein Wiedererstarken der „alten Kräfte“?

Heutzutage bricht sich der Materialismus Bahn: Das Streben nach schnellem Gewinn hält Einzug, der Pragmatismus wird zum Lebensprinzip. Die geistlichen Werte werden vergessen. Verantwortlich für die Ablehnung des Dialogs und die Frontstellung gegenüber der Kirche sind dieselben Leute wie früher, das heißt die Kommunisten, die sich schnell regeneriert haben und schon wieder wichtige Positionen in der Gesellschaft einnehmen. Sie stehen uns und dem, was wir repräsentieren, feindlich gegenüber. Diese Haltung zeigt sich auch in ihrer Ablehnung des Gesetzes zur Rückgabe des vom Regime konfiszierten Kirchenguts.

Die Gräben sind also tiefer und schwieriger zu überbrücken, als man zunächst angenommen hat?

Zweifelsohne. Das belastendste Erbe des Kommunismus macht es schwierig, einen echten Dialog unter den verschiedenen gesellschaftlichen Kräften herzustellen. Weil in den vierzig Jahren der Unterdrückung die Laien nicht mit den Priestern zusammenarbeiten konnten, sind sie im allgemeinen nicht an Zusammenarbeit mit den kirchlichen Stellen gewohnt. Auf eine Veränderung dieser Mentalität möchten wir hinarbeiten.

Trifft diese Voreingenommenheit oder Befangenheit gegenüber der Kirche auch auf die Jugend zu?

Häufig wollen die Jugendlichen, besonders in den Städten, mehr über die Religion wissen. Viele sind auf der Suche und für hohe Ideale ansprechbar. Es gibt aber viel Unkenntnis, und manche Vorurteile sind abzubauen.

Gibt es in der Kirche überhaupt Kräfte, die für den Dialog mit der areligiösen Gesellschaft vorbereitet wären?

Da herrscht ein beträchtlicher Mangel. Es fehlt uns an politisch gebildeten Laien; christlich geprägte politische Konzeptionen gibt es praktisch nicht. Alle Politiker wurden durch das vergangene System geschult. Die christliche Soziallehre ist nicht bekannt. Außerdem fehlt unserem Christentum die missionarische Dimension. Insbesondere auf dem Land herrscht nach wie vor eine Ghetto-Mentalität, die nicht mehr in unsere Zeit paßt. In vielen Pfarreien auf dem Land existiert keine echte kirchliche Gemeinschaft, es waltet meist der überkommene Individualismus. Wir haben es nicht gelernt, ein umfassendes Zeugnis kirchlichen Lebens abzulegen.

Gewiß gibt es seit etlichen Jahren positive Aufbrüche – auch davon habe ich gesprochen –, doch über weite Strecken stellt sich unsere Kirche sehr klerikal und „sakramentalistisch“ dar, und viele leiden unter dem Priestermangel. Es gilt, den Paternalismus, die Passivität und die Unfähigkeit zum Dialog allmählich zu überwinden. Hier sind klare Prioritäten zu setzen: Wir müssen die Laien verstärkt in das Leben der Kirche, in die Mitverantwortung für sie einbeziehen. Ohne diesen Schritt werden wir nicht Volk Gottes, wie es dem Wesen der Kirche entspricht und vom Konzil dringlich verlangt wird. Vor allem müssen wir lernen, das Evangelium zu praktizieren; wir müssen uns bewußt werden, daß die Kirche allen gehört, daß wir ein einziges Volk Gottes sind.

Im November ’90 haben Sie von der „gestohlenen Revolution“ gesprochen. Wie meinten Sie das? Ist das als Ausdruck einer gewissen Enttäuschung zu verstehen?

Man wird einmal schreiben, wie schön das war, als wir an den Feierlichkeiten zu Ehren der heiligen Agnes in der Veitskathedrale teilnahmen und unmittelbar darauf zur Letná-Demonstration zogen. Wie freundlich waren damals die Leute zueinander, wie rücksichtsvoll und höflich ... Wir wurden von einer Welle revolutionärer Begeisterung erfaßt, die alle Unterschiede zudeckte. Die Revolution und die Furcht vor einem Rückschlag hat uns geeinigt. Wir in der Kirche waren überzeugt, daß jetzt in unseren Ländern eine Zeit der Brüderlichkeit, der Zusammenarbeit beginnt.

Als wir dann unsere parteilichen und persönlichen Interessen verfolgten, verebbte diese Welle des Zusammenstehens im Sand des Alltags. Auch der Besuch von Johannes Paul II. konnte diesen Prozeß nicht aufhalten. Die Wahlen im Juni 1990 waren ein einschneidendes Ereignis. Nicht nur in unserem Staat, sondern auch in den zwischenmenschlichen Beziehungen entstanden Risse, die seither nur noch größer geworden sind ... Wir haben ein bitteres Gefühl der „gestohlenen" Revolution. Vielleicht empfinden manche der Enttäuschten sogar Sehnsucht nach den alten Strukturen ...

Leute in führenden Stellen durch die Kraft des Volkes auszuwechseln wäre nicht so schwer gewesen, das hätte binnen kurzer Zeit geschehen können. Sehr viel langwieriger ist der Prozeß der inneren Wandlung eines Menschen. Vielleicht lebt in uns noch ein Stück der alten Ideologie, die der Meinung war, daß es genüge, die Produktionsverhältnisse zu ändern, um den Menschen zu ändern. Unser Denken war derart deformiert, daß wir nicht begriffen, daß man eine neue Zeit nicht mit alten Menschen, mit altem Denken aufbauen kann. Wir sind zu wenig kritisch und zu ungeduldig ... Vierzig Jahre lebten wir ein Doppelleben, übten die Verstellung, und dann wollten wir sofort ein Wunder. Doch die „alten Strukturen", die die staatliche Administration prägten, sind noch in uns, in den Köpfen und in den Herzen. Das meine ich, wenn ich sagte, wir hätten uns die Revolution stehlen lassen, genauer: ihre zweite Phase, die Revolution in uns selbst.

Ich habe den Eindruck, daß es vielen Politikern gar

nicht mehr um die Veränderung der Gesellschaft, um die Demokratie geht, sondern um die Macht. Die Menschen haben jetzt die Freiheit, aber sie können nicht mit ihr umgehen. Es ist schwieriger, in Freiheit zu leben als in der Unfreiheit. So gesehen, war unter dem kommunistischen Regime manches viel einfacher. Die Freiheit erfordert Zivilcourage und Disziplin; sonst besteht die Gefahr, daß sie in Anarchie abgleitet. Und eben dieses gefährliche Abgleiten in eine Art von Anarchie spüren wir heute oft.

Eine ähnliche Entwicklung sehen wir in der Ex-Sowjetunion, in den Ländern Ex-Jugoslawiens und anderswo in der Welt. Das zeigt, daß der Zusammenhalt der Völker nicht auf Macht und Gewalt gründen kann, sondern daß wir andere, feste Bindungen suchen müssen.

Mit anderen Worten: Woran es vor allem fehlt, ist die innere Erneuerung der Gesellschaft?

Anerkannt zu sein, angenommen zu werden, in seiner eigenen Existenz durch andere bestätigt zu werden, das Gefühl zu haben, nützlich zu sein, das sind die tiefsten Beweggründe eines jeden Menschen. Dazu genügt oft ganz wenig, ein Gruß, ein Lächeln, ein Händedruck, ein gutes Wort. Die Erwachsenen versuchen diese Sehnsucht auf verschiedene Weise zu „kompensieren" und ihre Nichtverwirklichung zu überspielen. Aber ein Kind, das ohne Arglist ist, spielt da nicht mit. Die größte Strafe für ein Kind besteht in dem Wort: „Ich mag dich nicht." Dadurch fühlt sich das Kind in seiner Identität bedroht und fängt an zu weinen. Das Gefühl, angenommen zu sein, ist die stärkste Bindungskraft einer Gemeinschaft. Wenn diese Kraft fehlt, zerfällt Gemeinschaft. Was durch Gewalt zusammengehalten wird, ist keine Gemeinschaft, sondern höchstens eine Herde. In unserer Gesellschaft fehlt das „Öl im Getriebe“, die Liebe. Egoismus, das eigene Sich-wichtig-Tun zum Nachteil des anderen, sich Liebe „nehmen“ wollen, ohne bereit zu sein, sie zu geben – das ist das alte System. Das müssen wir überwinden. Jeder, der wissentlich die Wahrheit verfälscht, verbreitet Lüge und Mißtrauen; er übt Gewalt aus. Jeder, der nur an sich selbst, zum Nachteil der anderen, denkt, übt Gewalt aus. Jeder, der die Moral untergräbt, die Gesellschaft demoralisiert, übt Gewalt aus. Jeder, der in sich den Haß nährt und ihn verbreitet, übt Gewalt aus – und damit bleibt die alte Struktur.

Seine tiefste Identität findet der Mensch in seiner Sendung zur Liebe, zum Dasein für andere; darin liegt seine Selbstverwirklichung. Die uneigennützige Liebe, die zuerst an den anderen denkt – das ist die Atmosphäre, in der eine Gemeinschaft atmen kann – im großen wie im kleinen. Ohne sie gibt es kein Leben.

Die Revolution in uns selbst kann durch nichts ersetzt werden. Sie ist keine sanfte Revolution, sie ist hart. Aber wir müssen sie zu Ende führen.

Wie beurteilen Sie die Überprüfung der Staatsbürger auf ihre Vergangenheit im kommunistischen Regime?

Ich würde sagen, die spezifisch christliche Haltung ist die der Versöhnung. Wenn der Wille vorhanden ist, das begangene Böse wiedergutzumachen, dann muß man vergeben können. Aber in unserer postkommunistischen Gesellschaft ist das Wort „Vergebung“ unbekannt. Deshalb ist es sehr schwierig, die Gesellschaft von innen her zu erneuern.

Ich muß gestehen, daß mich diese Frage nicht schlafen ließ. Nicht, weil ich Angst gehabt hätte, daß möglicherweise unbequeme Wahrheiten ans Licht kommen könnten, sondern wegen der Sorge, daß auch Unschuldigen Leid zugefügt werden könnte. Die Kirche hat eine zweitausendjährige Erfahrung mit der Buße, ja sogar mit öffentlicher Buße. Sie kann den Sinn dieser reinigenden Buße gut würdigen, aber Buße und Lustration sind weit voneinander entfernt. Natürlich muß sich eine Gemeinschaft gegen die inneren Feinde wehren. Aber wie? Wie kann dies wirksam und zugleich gerecht geschehen? Die bloße Veröffentlichung von Namen kann die Beteiligung der Menschen an der Deformation der vergangenen Zeit nicht gerecht darstellen. Sie vermag nicht die Größe der Schuld und das Ausmaß der Mitarbeit auszudrücken; die innere Motivation des einzelnen und die Größe des äußeren Drucks bleiben unberücksichtigt, und oft wird nicht einmal deutlich, worin die „Dienste" bestanden, die jemand für das Regime leistete. Man könnte das alles mißbrauchen. Ein wenig kommt mir das vor wie eine Hexenjagd. Und abgesehen davon werden oft „die kleinen Diebe" verfolgt, während die großen Fische, welche die Musterprozesse inszenierten und an anderen Verbrechen beteiligt waren, unbehelligt bleiben.

Ich bin überzeugt, daß die Reinigung der Gesellschaft nicht durch eine Veröffentlichung der Listen geschieht, sondern in der Anerkennung der Schuld, in der Versöhnung und im Verzeihen. Nicht nur im Verzeihen, wohlgemerkt, sondern ebenso im Anerkennen von Schuld! Sonst bleibt die Gesellschaft von diesen Übeln befallen, und wie eine Infektion im Körper werden sie früher oder später auf irgendeine Weise zum Ausbruch kommen.

Das gilt auch für Nationen, zum Beispiel für das Verhältnis zwischen Tschechen und Deutschen. Entschuldigungen zwischen den Staatsmännern, Briefwechsel zwischen den Bischofskonferenzen, das sind alles Taten des Verzeihens und der Versöhnung, die dazu beitragen, daß alte Wunden und noch nicht geschlossene Narben zu heilen beginnen.

Solange der Mensch seine Schuld nicht anerkennt und sie bekennt, wird er nicht geheilt. Die Wunde bleibt, und folglich sucht er ein „Pflaster“ (die Psychologen kennen solche Mechanismen sehr gut!). Vielleicht sucht er einen Sündenbock, auf den er seine Schuld schieben kann; oder er beschuldigt und verfolgt jemand, der noch mehr Schuld auf sich geladen hat ... Beispiele dafür finden wir nicht nur in der Literatur, sondern auch im Leben.

Sollte nicht jeder von uns seinen eigenen Teil an der Schuld der Vergangenheit zugeben? Hat nicht die Mehrheit von uns mindestens irgendwann gehorsam den Stimmzettel – sicher unter Druck und Angst – in die feierlich geschmückte Wahlurne geworfen? Sicher, wir *mußten* ... Die Ausbildung, der Beruf standen auf dem Spiel ... Haben wir nicht manchmal applaudiert – mit Unlust und sicher nicht freiwillig zwar –, nur deshalb, weil uns jemand beobachtete? Und es gab noch Schlimmeres ... Ich habe noch verschiedene Feiern aus der Zeit in Erinnerung, als ich Theologie studierte: Auch ich habe mitgemacht ... Gewiß, es ging um eine heilige Sache: Priester zu werden, – aber ... Wer ohne Schuld ist, werfe den ersten Stein!

Ich denke, Lustrationen allein helfen nicht. Ich sorge mich mehr darum, daß die Reform unseres Innern ausbleibt; ich fürchte die nicht bereinigte Schuld. Sie könnte sich an uns schlimmer rächen als eine schlecht durchgeführte Wirtschaftsreform. Damit will ich keineswegs von nötigen politischen Schritten ablenken; ich will kein „Plüschbär“ sein (so nannten wir naive Idealisten)!

Wie würden Sie, nach knapp drei Jahren Demokratie in Ihrem Land, das Verhältnis von Kirche und Gesellschaft beschreiben?

Verfolgung, Beschränkung und Bevormundung gibt es nicht mehr. Vor der Revolution waren wir eins im Kampf gegen den gemeinsamen Feind. Die Gefahr hat unsere Kräfte vereinigt. Der Aktionsradius war enger. Nach der Revolution hat sich ein breiter Raum für die Kirche geöffnet. Gruppen und ihre Interessen haben sich herauskristallisiert. Es fehlt uns aber die Fähigkeit zum Dialog, den wir früher wenig geübt haben. In der Monologsituation des Regimes brauchten wir ihn nicht.

Manche, mit denen wir früher gemeinsam gekämpft haben, haben heute in der „zivilen" Gesellschaft wichtige Posten eingenommen. Manchmal scheint es, daß die Interessen jetzt auseinandergehen. Das ist ein normaler Prozeß. Die unterschiedlichen Auffassungen, die unterschwellig vorhanden waren, kommen jetzt zum Vorschein. Vaclav Havel hat oft, besonders in der ersten Zeit nach der Revolution, von der Notwendigkeit gesprochen, in Wahrheit und Liebe zu leben. Wir sind überzeugt, daß die neue Gesellschaft auf den Grundpfeilern von Wahrheit und Liebe errichtet werden muß.

Wie reagieren die Menschen auf Havels Appelle? Kommen sie an, oder haben sie den „Das kennen wir schon"-Effekt?

Das ist unterschiedlich. Die Pragmatiker hören sie an, aber nehmen sie nicht so ernst. Sie meinen, eine bessere Welt sei auf einem wirtschaftlich-pragmatischen Weg machbar. Die Intelligenz hingegen und Menschen, die sensibler für die humanitären Werte sind, pflichten ihm bei. Doch beide Gruppen, Pragmatiker wie Humanisten, verkennen oft, daß die Menschen eine starke Motivation brauchen. Woher nehmen sie diese? Ich habe oft über das, was Havel sagt, nachgedacht. Ich bin überzeugt, ohne eine tiefe Verankerung in einer Kraft, die über ihn selbst hinausgeht, vermag der Mensch diese Wertebene nicht zu erreichen. Anders gesagt, man muß sich selbst überschreiten, aus sich selbst herausgehen. Ohne die geistliche Kraft „von oben" ist man dazu nicht fähig.

Viele Politiker standen nach der Revolution der Kirche sehr positiv gegenüber und erwarteten ihren Beitrag zu einer neuen Wertegesellschaft. Wie steht es jetzt?

In der ganzen Gesellschaft ist eine Ernüchterung eingetreten, auch gegenüber der Kirche. Man dachte, daß es der Kirche sehr rasch gelingen würde, durch Predigt, Verkündigung usw. eine neue Wertordnung zu schaffen. Aber das geht nicht nur durch Predigen. Die Erneuerung ist etwas Organisches, und sie muß langsam wachsen und reifen; das geht nicht in zwei, drei Jahren. Meiner Ansicht nach sind manche Politiker etwas ungeduldig; mir scheint, sie haben wenig Sinn für diese Realität, die von Gott, die aus der Tiefe kommt. Sie denken auf ihre Weise, organisieren, gestikulieren ..., als ob alles machbar wäre. Statt einer, sagen wir: „Macher-Mentalität" brauchen wir meines Erachtens eine neue Haltung des Offenseins. Eine Kultur des Gebens muß sich formen: sich öffnen und sich beschenken lassen. Der Glaube an die Machbarkeit prägt das Denken vieler unserer Politiker, und dies scheint mir ein tiefes Problem. Auch wir Christen sind von dieser Denkweise angesteckt. Wir müssen immer wieder umdenken, uns stets neu bekehren.

Wie sehen Sie zum jetzigen Zeitpunkt die Zusammenarbeit mit dem ersten Präsidenten der Tschechischen Republik?

Schon der Blick auf Hradsani sagt etwas über die Verbindung von geistlicher und weltlicher Macht: Die Kathedrale, der Bischofssitz und der Sitz des Präsidenten bilden bei der Prager Burg ein geschlossenes Ganzes. In dieses Panorama scheint hineingeschrieben: Es kommt auf das gute, einvernehmliche Miteinander an; das eine kann ohne das andere auf Dauer nicht gut funktionieren. Entsprechend sehe die Beziehung zum Präsidenten. Natürlich kann ich als Erzbischof nicht so eindeutig hinter Havel stehen, wie Kardinal Tomásek gegen Húsak stand. Heute wäre das unangebrachte Einmischung in die Politik. Ich muß aber gestehen, daß wir uns sehr gut verstehen, und unsere Ansichten liegen sehr nahe beieinander.

Was sollte heute das Erkennungszeichen christlicher Politik sein?

Die Kirche hat sich der Welt geöffnet und begonnen, das Positive in ihr zu akzeptieren. Daraus ist das Verlangen entstanden, sich auch am Aufbau dieser Gesellschaft zu beteiligen. Die Christen sind mitverantwortlich für die Welt, sie nehmen Anteil an ihr, und so haben sie Anteil auch an der Politik. Wir sollen uns dem anderen öffnen, seiner Argumentation zuhören, wir sollen mit unseren Gegnern einen konstruktiven Dialog führen. Wenn ich den anderen annehme, kann ich ihn besser verstehen, und so kann ich auch besser antworten und mich verständlich machen, was in einer Atmosphäre des Mißtrauens nicht möglich wäre. Die Christen sollen in die Politik die Prinzipien der Wahrhaftigkeit und Ehrlichkeit einbringen, die Werke der Gerechtigkeit und den Blick für das Ganze.

Mit der Teilung der Tschechoslowakei am 1. Januar 1993 ist ein langer Weg zu Ende gegangen, der für beide Teile schmerzlich war und im Westen vielfach mit großem Bedauern beobachtet wurde. Wie stellt sich dieser Prozeß aus Ihrer Sicht dar?

Um sich ein rechtes Bild machen zu können, muß man zunächst einmal darauf hinweisen, daß es zwischen Tschechen und Slowaken immer grundlegende Differenzen gegeben hat, Unterschiede verschiedener Art: im Volk, in der Sprache, in der Kultur (immerhin sind die Sprachen einander so ähnlich, daß sie für den jeweils anderen durchaus verständlich sind!). Auch haben beide Völker eine religiöse Eigenart. Die Slowaken haben ein intensiveres religiöses Leben, wenn es auch mehr traditionsgebunden ist. Das religiöse Leben in Böhmen ist schwächer, weil hier westliche Einflüsse wie Aufklärung, Positivismus und Materialismus mehr Eingang gefunden haben. Bei Slowaken ist das Bewußtsein und der Wunsch nach nationaler Identität stärker ausgeprägt, was nicht verwundert, da sie in der Geschichte - anders als die Tschechen im vorigen Jahrhundert - keine Möglichkeit hatten, diesen Wunsch zu verwirklichen.

Viele Differenzen haben ihre historische Wurzel darin, daß die Tschechen mehr unter dem Einfluß Deutschlands und Österreichs standen, während die Slowaken der politischen und militärischen Herrschaft Ungarns unterstanden. Als 1918, nach der Auflösung der Habsburger Monarchie, die Tschechoslowakei entstand, fanden Tschechen und Slowaken dank des außergewöhnlichen politischen Geschicks von Thomas Masaryk zusammen. Die Slowaken hatten damals Angst vor Ungarn und wandten sich an die Tschechen. Doch dies war auch mit Nachteilen verbunden, denn Masaryk wollte eine tschechoslowakische Nation begründen. 1939 teilten die Nazis das Land wieder: Böhmen und Mähren wurden Protektorat des Dritten Reiches, auf der anderen Seite entstand die scheinbar unabhängige Republik Slowakei unter Hitlers Schützling, Prälat Jozef Tiso. Das war für die Slowaken der einzige Moment einer nationalen Selbstbestimmung, und auch dies nur auf dem Papier. Nach dem Krieg löste das kommunistische System die slowakische Frage auf brutale Weise und setzte die zentralistische Herrschaft Prags durch. Aber die Autonomiebestrebungen von Bratislava schwelten weiter, um dann '89 nach der Revolution mächtig hervorzubrechen.

Auch wenn man die Eigenständigkeit des slowakischen Volkes anerkennt, seine Geschichte und seine Tradition, schien mir das Auseinandergehen doch immer eine traumatische Lösung. Leider verstanden das ein guter Teil der slowakischen Politiker und auch die integralistischen Strömungen unter den dortigen Katholiken nicht.

Für mich war bisher die Einheit zwischen Tschechen, Mähren und Slowaken eigentlich selbstverständlich. Die Slowaken haben wirklich ein Recht auf Unabhängigkeit, Selbständigkeit usw., allerdings sollten wir auch gemeinsam in das neue Europa eintreten. Wenn wir den Charakter, die Eigenständigkeit der Slowaken wirklich fördern, werden sie begreifen, daß wir ihnen nicht schaden wollen – und daß die Einheit im gemeinsamen Europa notwendig ist.

Gerade in der Erwartung eines „gemeinsamen europäischen Hauses“ hat die Auflösung der Tschechoslowakei Enttäuschung hervorgerufen. Mancher fragte sich, ob die Kirche nicht stärker vermittelnd, als einigende Kraft in Erscheinung hätte treten können ...

Wir Bischöfe aus Böhmen und Mähren haben dahin tendiert, in der Tradition des tschechoslowakischen Staates weiterzugehen. Wir meinten, das entspreche einem in Europa und in aller Welt zu beobachtenden Trend zur Integration, zur Gemeinschaft. Heute sehen wir, daß die Trennung unausweichlich war. Wir müssen sie als Faktum anerkennen und unter dem Blickpunkt des slowakischen Strebens nach Unabhängigkeit und dem Recht der Slowakei auf Selbstverwirklichung verstehen. Ich habe den Eindruck gewonnen, daß die slowakische Seite sich nicht als gleichberechtigter Partner gefühlt hat. Als Tschechen haben wir uns im letzten Jahrhundert und am Anfang dieses Jahrhunderts national emanzipiert. Die slowakische Nation holt das jetzt nach.

Sie halten diese Phase der nationalen Selbstfindung also für notwendig?

Sicher, diese Trennung wird in einem historischen Kontext vollzogen, in dem alles zur Einheit strebt. Aber die Sehnsucht nach Identität und Unabhängigkeit war in dieser Situation größer und stärker.

Man muß erst seine Identität finden und erfahren können, bevor man sie in ein größeres Ganzes einbringen kann. Auch der junge Mensch muß erst seine Freiheit finden, bevor er sich, etwa in der Ehe, binden kann. Ein unreifer Mensch kann keine Bindung eingehen. In dieser Perspektive sehe ich die derzeitige Entwicklung. Aber ich habe die große Hoffnung, daß wir wieder in einer tieferen und angemessenen Weise zusammenfinden werden.

Sehen Sie bereits positive Anzeichen in dieser Richtung?

Ja, obwohl erst kurze Zeit vergangen ist. Sobald klar wurde, daß wir uns trennen, habe ich bemerkt, daß die slowakischen Priester und Bischöfe freier wurden. Früher fühlten sie sich uns gegenüber als zweitrangig, und das hat sie belastet. Seit die Trennung beschlossen wurde, sind unsere Gespräche – nach meinem Eindruck – anders, besser geworden.

Das spricht für sich ...

Im Grunde hatten wir damit gerechnet. Wir spürten, daß sie ein wenig verunsichert waren, und haben gehofft, daß sie sich befreit fühlen. Wenn das ein Zeichen für die ganze Nation sein könnte, wäre es sehr schön.

Bringen die neuen Staatsgrenzen auch für die kirchliche Administration neue Regelungen? Wie werden zum Beispiel die beiden Bischofskonferenzen zueinander stehen?

Wir hatten entschieden, in Rom einen Antrag auf die Bildung zweier Bischofskonferenzen zu stellen. Bei der letzten gemeinsamen Konferenz haben wir über künftige Kontakte gesprochen, und in beiden Statuten wird ausdrücklich erwähnt, daß wir weiter Kontakte pflegen, wenigstens einmal im Jahr.

Auch als es noch eine gemeinsame Bischofskonferenz gab, hielten wir gelegentlich getrennte Versammlungen, in denen Fragen, die speziell die Slowakei oder speziell die Tschechen angingen, gesondert behandelt wurden.

Wie können sich die beiden Länder auf ihrem Weg zur Selbständigkeit gegenseitig unterstützen?

Ich hoffe, daß wir einander bessere Partner sein können, wenn beide Seiten sich gleichwertig wissen. So werden wir uns nicht mehr gegenseitig Paternalismus oder

Machtmißbrauch auf Kosten der anderen unterstellen. Ich glaube, daß in Europa eine Lage entstehen wird, die unsere Zusammenarbeit mit den Slowaken fördern wird. Ich hoffe, daß wir das Beste, was wir in uns tragen, entfalten und daß wir ohne Angst und im Vertrauen auf unseren Herrn in die Zukunft schauen können.

Wenn wir an die Beziehungen zwischen unseren beiden Nationen, zwischen Deutschen und Tschechen, denken, kommen wir an den historischen Belastungen der Vergangenheit nicht vorbei. Die politische Entwicklung hat gezeigt, wie alte Ressentiments wieder hochkommen. Welche Erwartungen und Hoffnungen haben Sie in dieser Frage?

Ich halte es für notwendig, mehr persönliche Kontakte zu pflegen. Das bedeutet Austausch von Gruppen, Kirchengemeinden, Diözesen: Wenn man sich persönlich kennt, werden Brücken gebaut, wird Vertrauen gestiftet. Was wir voneinander nur in der Zeitung lesen, ist zu wenig, zumal die Presse manchmal gerade das Negative unterstreicht. Deswegen sind persönliche Kontakte, die die Menschen einander näherbringen, so wichtig.

Es gibt mehrere Beispiele konkreter Zusammenarbeit zwischen katholischen Christen in der Tschechischen Republik und Gemeinden und Stiftungen in Deutschland. Welche Rolle spielen dabei sudetendeutsche Institutionen wie die Ackermann-Gemeinde?

In einem Brief der Bischofskonferenz von 1990 haben wir unsere Überzeugung zum Ausdruck gebracht, daß ein Schuldbekenntnis nicht einseitig sein darf. Der Hauptakzent des Schreibens lag auf dem Aufruf zu Versöhnung und Vergebung. Wir haben offen erklärt, daß es auf unserer Seite eine Schuld war, zur kollektiven „Bestrafung" zu greifen. In einem vorhergehenden Brief der deutschen Bischöfe wurde wiederum die deutsche Schuld anerkannt. Diese beiden Schreiben sind meiner Meinung nach eine wichtige Grundlage der Versöhnung. Wir können selbstverständlich nicht in die Politik eingreifen, doch müssen wir auf der geistlichen Ebene die Grundlagen bereiten.

Was sudetendeutsche Katholiken wie die Münchner Ackermann-Gemeinde in den letzten Jahrzehnten für die tschechische katholische Kirche im Untergrund und im Widerstand gegen das totalitäre Regime geleistet haben und was die Sudetendeutschen heute für den Wiederaufbau der böhmischen katholischen Kirche und für die Versöhnung und Verständigung leisten, war und ist uns eine Hilfe. Natürlich muß der Prozeß der Versöhnung jetzt weitergehen.

Im Augenblick scheint die Bedeutung der Grundwerte nicht nur im Osten zu schwinden, wobei sich die Frage stellt, in welchem Teil Europas diese Entwicklung stärker ist ...

Bei uns im Osten hat sich der Konsumismus nicht so einschneidend entwickelt wie in Westeuropa. Hier wurde die Sehnsucht nach Wohlstand nicht erfüllt, es blieb eine Leere. Die Leute hatten mehr Sehnsucht nach etwas, das „sättigt". Dadurch sind sie manchmal näher zu Gott gekommen. In dieser Hinsicht scheint mir die Lage im Westen schlimmer, weil der wirtschaftliche Wohlstand vielfach das Streben nach Transzendentem verschüttet hat. Aber allmählich zeigt sich auch im Westen, daß Konsum nicht genügt. Das wird zum Beispiel im Aufschwung der außerkirchlichen Religiosität sichtbar. Es gibt im Herzen des Menschen eine tiefe, unendliche Sehnsucht, die etwas Göttliches ist. Nach den politischen Umwandlungen laufen jetzt wir im Osten Gefahr, diese Sehnsucht rein auf der materiellen Ebene befriedigen zu wollen ...

In diesem Kontext war die Einberufung der Sondersynode über die Neuevangelisierung Europas zu sehen als Bestrebung, feste Grundlagen für die Zukunft zu schaffen. Wenn wir uns vor Augen halten, daß die Geschichte Europas furchtbare Regime hervorgebracht hat, begreifen wir um so mehr, wie groß unsere Verantwortung für die Zukunft ist. Wir sollten gut überlegen, was wir in der Gegenwart unternehmen müssen, damit die Zukunft einer geeinten Welt gehört.

Kirche heute

Wie stellt sich die organisatorische Struktur der Kirche heute in der Tschechischen Republik dar?

Alle Bischofssitze sind besetzt; jede Diözese hat einen oder mehrere Bischöfe, die die Kirche führen. Die Bischofskonferenz mit ihren verschiedenen Kommissionen tritt regelmäßig zusammen. Es bestehen diplomatische Beziehungen mit dem Vatikan. In Böhmen und Mähren gibt es zwei theologische Fakultäten im Verband einer Universität. Katholische Schulen wurden gegründet. Die Männer- und Frauenorden erneuern ihr Leben.

Wir haben einige beschränkte Möglichkeiten, in die Medien zu kommen. Beim Fernsehen haben wir eine kleine Redaktion, deren finanzielle Möglichkeiten allerdings sehr begrenzt sind; ähnlich ist es im Hörfunk.

Wie sieht es in Ihrer Diözese aus?

Die Situation ist ähnlich wie in den anderen Diözesen. In den letzten 50 Jahren hat sich vieles zum Schlechteren entwickelt, vor allem, was die personale Situation betrifft. Nach dem Krieg haben 235 Priester das Sudetenland verlassen. Im Jahre 1948 gab es in der Erzdiözese Prag 556 Priester (die pensionierten eingeschlossen), die insgesamt 578 Pfarreien zu betreuen hatten. An der Zahl der Pfarrgemeinden hat sich nichts geändert, aber heute haben wir nur noch 297 Priester. Das Durchschnittsalter beträgt 67 Jahre. Wenn wir bedenken, daß jedes Jahr etwa 15 Priester sterben und daß aus dem Seminar in den nächsten fünf Jahren jährlich nur durchschnittlich neun neue Priester kommen werden, ist das keine gute Perspektive. Aus Polen sind inzwischen acht Priester und zwei Seminaristen zu uns gekommen. Einer der Priester arbeitet in der Pfarrgemeinde Stodulky, wo die Leute ihn mit großer Freude aufnahmen und nach Kräften unterstützen. Aus der Diözese Tarnow in Polen wurden uns zwei weitere Priester versprochen. Aber wir brauchen insbesondere die Hilfe der Laien und den Dienst verheirateter Diakone, die u.a. Wortgottesdienste mit Kommunionausteilung übernehmen.

Derzeit absolvieren mehr als vierhundert Laien eine vierjährige katechetische Ausbildung. Wir hoffen, daß sie sich als lebendiger Teil des Volkes Gottes mitverantwortlich für unsere Kirche fühlen werden. Auch dies kann ein Beitrag sein zur Erneuerung der Kirche als Gemeinschaft. Das frühere Regime hat versucht, die Priester zu isolieren, sie im Pfarrhaus „einzuschließen" und von den Laien getrennt zu halten. Kontakte der Priester zu den Laien waren verboten. Das hat sich in den 40 Jahren den Leuten eingeprägt, und eine unserer größten Aufgaben ist nun, das zu ändern. Denn es sind nicht Predigten und Vorträge, die Menschen anziehen, sondern die wirkliche Communio: nicht eine formelle, sondern eine echte geschwisterliche Gemeinschaft.

Kürzlich wurde die neue Diözese Pilsen gegründet ...

Ja, wir haben jetzt eine neue Diözese. Nach längeren Beratungen in der Bischofskonferenz hatten wir im Vatikan den entsprechenden Antrag gestellt. Die Diözese Pilsen umfaßt frühere Teile der Diözesen Prag und Leitmeritz mit den Kreisen Pilsen, Eger, Karlsbad, dann Domazlice, sowie auch einen Teil des Kreises Klattau aus der Diözese Budweis. Rom wollte keine Errichtung der Diözese, bevor auch die Ernennung des Diözesanbischofs möglich war. Dadurch fiel die Gründung in das Jubiläumsjahr des heiligen Johannes Nepomuk. Es ist sehr positiv, daß auch die Stadt Pilsen diese Neuentstehung begrüßt; so wird sie neue Bischofsstadt.

Man spricht in den letzten Jahren häufig über die christlichen Wurzeln des tschechischen Staates, über die Tradition des heiligen Adalbert. Kürzlich fanden die Feierlichkeiten zum 600. Todestag des heiligen Nepomuk statt. Welche Rolle spielen diese Traditionen heute?

Diese Traditionen sind eine gemeinsame geistliche Erbschaft, die durch Jahrhunderte weitergegeben wurde. Der heilige Johannes Nepomuk ist ein weltweit berühmter Tscheche, ein heiliger Priester und Kanonikus. Er kann ein großes Vorbild für die Treue zur Wahrheit sein. Nepomuk hat dafür sein Leben gegeben; er hat die Kirche gegenüber der Macht des Staates verteidigt. Vojtech – Adalbert – brachte den christlichen Glauben zu uns und prägte so die Geschichte unseres Landes. Bei der Erneuerung des kirchlichen Lebens können wir nun wieder an dieses lange unterdrückte geistliche Erbe anknüpfen.

Während in Böhmen der hussitische Einfluß größer war, war die Slowakei stärker katholisch bestimmt. Wie sieht die Situation in beiden Staaten heute aus? 1991 gab es eine statistische Erhebung zur Religions- und Konfessionszugehörigkeit ...

Erst einmal muß man unterstreichen, daß es wirklich ein Wunder ist, daß nach vierzig Jahren Diktatur und staatlich verordnetem Atheismus sich überhaupt noch so viele Menschen als katholisch bezeichnen. Auf dem Gebiet des bisherigen Gesamtstaates waren es 50, in der Slowakei sogar 70 Prozent. Die anderen Bekenntnisse stellen etwa 10 Prozent der Bevölkerung, wobei auch deren Anteil in der Tschechischen Republik niedriger liegt als in der Slowakei, wo allein die evangelische schlesische Kirche mit 6 Prozent traditionsgemäß einen relativ hohen Anteil hat.

Natürlich dürfen wir uns von diesen Zahlen nicht täuschen lassen. Die Volkszählung ist eines, die Wirklichkeit ist etwas anderes. Von den 50 Prozent, die sich als katholisch ausgegeben haben, praktiziert vielleicht ein Fünftel (bei uns gibt es keine Zählungen der Gottesdienstbesucher wie in Deutschland). Daß solche Zahlen nicht sehr viel über die effektive Kirchenbindung aussagen, versteht sich. Viele Christen vertreten in einigen Fragen einen antichristlichen Standpunkt; so treten zum Beispiel mehr als 60 Prozent für die Freigabe der Abtreibung ein.

Die katholische Kirche wird in Böhmen und Mähren in absehbarer Zeit aller Voraussicht nach klein bleiben. Sie wird nicht durch ihre Größe und durch ihre Macht wirken, sondern durch Gottes Kraft und durch ihre Einheit.

Gibt es auf dem Gebiet der Tschechischen Republik griechische Katholiken?

Hier leben zehntausend oder mehr griechische Katholiken, die in der Zeit des Kommunismus aus der Slowakei ausgewandert sind. In Prag wurde jetzt ein Bischöfliches Vikariat für die griechisch-katholische Kirche eingerichtet. Es sollen auch einige Pfarreien errichtet werden.

Wie steht es mit der Ökumene? Sind ökumenische Bestrebungen ein Thema?

Wir bemühen uns, die Kontakte und Beziehungen zu den anderen Kirchen zu entwickeln. Im gegenwärtigen Stadium scheinen mir die Gespräche recht gut voranzukommen, sowohl die Kontakte mit der evangelischen als auch mit der orthodoxen Kirche. Auch mit den wenigen noch bestehenden hussitischen Gruppen gibt es keine besonderen Spannungen mehr. Was mich hingegen mit Besorgnis erfüllt, sind gewisse integralistische und traditionalistische Tendenzen innerhalb der katholischen Kirche selbst, besonders in der Slowakei.

Im Rahmen einer Ökumene-Kommission wird seit einem Jahr über die gegenseitige Anerkennung der Taufe verhandelt. Die Gespräche wurden im Januar 1994 mit einem Abkommen zwischen der Katholischen Kirche auf der einen Seite und der Evangelischen Böhmisch-Brüder-Kirche und der Tschechoslowakischen Hussitischen Kirche auf der anderen Seite abgeschlossen. Auf beiden Seiten ist eine große Offenheit zu vermerken. Auch die Altkatholische Kirche wünscht engere Kontakte mit uns.

Die gegenseitigen Beziehungen sind gut, aber manchmal habe ich den Eindruck, daß die kleinen Kirchen sich durch das Übergewicht der katholischen Kirche ein wenig bedroht fühlen – auch wenn wir das nicht möchten.

Wie steht es mit der Tätigkeit der Sekten?

Wie im Westen sind sie auch hier eine drohende Gefahr; sie entwickeln sich enorm und haben großen Zulauf. Das hängt m. E. auch mit Defiziten in den christlichen Kirchen zusammen: Es gibt eine verborgene Sehnsucht nach Gott, und die Kirchen stillen diese Sehnsucht nicht so, wie die Menschen es verlangen. Ich glaube, die Leute suchen vor allem Gemeinschaft, und diese kleineren Gruppen tragen diesem Wunsch oft besser Rechnung. Angesprochen werden vielfach gerade Menschen, die ein Stück in der Kirche beheimatet, also schon irgendwie vorbereitet waren. Besorgniserregend ist die Aggressivität, mit der manche Sekten, etwa die Zeugen Jehovas, Ignoranz und Armut ausnutzen und Proselyten machen.

Welche Rolle spielen die Freimaurer in diesem Kontext? Es sind ja bald nach der Revolution Logen gegründet worden, und man sagte wichtigen Leuten um Havel nach, sie seien Freimaurer ...

Das Faktum stimmt, aber in welchem Ausmaß, weiß ich nicht.

Die ursprünglich zugesagte Rückgabe des vom Regime konfiszierten Kirchenbesitzes trifft auf vielerlei Widerstand. Was sind die Hintergründe, und wie ist die aktuelle Lage?

1990, unmittelbar nach der Revolution, wurden den Klöstern ihre wichtigsten Gebäude zurückgegeben, damit die Orden wieder ihre Tätigkeit entfalten konnten. Der übrige Kirchenbesitz, insbesondere Wälder, Felder und weitere Gebäude, blieb nach wie vor in staatlicher Hand. Politisch sind wir frei. Finanziell sind wir wie früher vom Staat abhängig, nur mit dem Unterschied, daß der Staat nicht auf seiner Lizenz für die Priester besteht. Priester und Bischöfe werden wie zur Zeit des kommunistischen Regimes vom Staat – ähnlich wie Staatsbedienstete – besoldet. So haben wir es nach der Revolution verlangt, da die Kirche noch keine eigenen Quellen zur Finanzierung hat.

Wir wollen für die Zukunft ein Modell ausarbeiten, wie die Kirche wirtschaftlich vom Staat unabhängig wird. Das könnte vielleicht über den Landbesitz geschehen. Auch die Rückgabe der Gebäude könnte dazu beitragen. Die Kirche möchte, daß man als kirchlichen Besitz anerkennt, was ihr im Jahre 1948 gehörte, und daß sie dann selbst entscheiden kann, was sie davon zurücknimmt. Wir möchten das Recht, alles zurückzubekommen, auch wenn wir nicht alles wirklich haben wollen. Das würde zu Konflikten führen, denn viele ehemalige kirchliche Gebäude dienen heute als Schulen oder für soziale Einrichtungen, so daß es lange dauern wird, bis sie zurückgegeben werden können.

Nach den Vorstellungen der tschechischen Bischöfe sollte eine strikte Trennung von Kirche und Staat durchgeführt werden. Unabdingbare Voraussetzung dafür ist allerdings, daß die Kirche auch materiell unabhängig wird.

Grundsätzlich ist man auch in der tschechischen Regierung und im Parlament für eine Trennung von Kirche und Staat, doch gibt es starke Strömungen besonders unter linken Gruppierungen, die sich der Rückgabe dieses Kirchenbesitzes widersetzen und ihn lieber privatisiert sehen möchten, wobei dann die Einnahmen dem Staat zugute kämen. Gerade jene Gruppen, die verantwortlich dafür sind, daß der Kirche widerrechtlich genommen wurde, was ihr gehörte, widersetzen sich heute der Rückgabe. Die Kirche hat ihren Besitz dem Staat weder verkauft noch vermietet. Wenn unser Staat wirklich als Rechtsstaat erscheinen und Unrecht wiedergutmachen will, ist die Rückgabe des konfiszierten kirchlichen Eigentums unerläßlich. Wer heute sagt, die Kirche habe sich diesen Besitz in der Vergangenheit unrechtmäßig angeeignet, stimmt ein in die alte kommunistische Propaganda.

Sehr viele Bürger sehen die Kirche noch durch die kommunistische Brille. Das Regime hatte die Kirche ausschließlich auf Handlungen im innerkirchlichen Raum beschränkt, und davon ist das allgemeine Kirchenbild nach wie vor geprägt. Wenn Präsident Havel von der Kirche einen Beitrag für den Aufbau der Gesellschaft auf neuen Werten erwartet, sind wir auf entsprechende Mittel angewiesen. Die Kirche verlangt ihren Besitz nicht, um reich zu werden, sondern um die Mittel zu haben, die unerläßlich sind, um der Gesellschaft dienen zu können. Man wirft uns auf der einen Seite vor, daß wir in der Vergangenheit, zum Beispiel in der österreichisch-ungarischen Monarchie, zu eng mit dem Staat verbunden waren. Doch jetzt, wo wir uns aus solchen Bindungen befreien wollen, will man nicht die Voraussetzungen dafür schaffen. Ich denke, ein Grund liegt darin, daß viele nicht verstehen, was Kirche ist; daher können sie sich auch nicht vorstellen, wie sie der Gesellschaft dienen könnte. Manche befürchten einen zu großen Einfluß der Kirche ...

Die Rückgabe des Kirchenbesitzes ist derzeit Gegenstand parlamentarischer Verhandlungen.

Ist die Armut Ihrer Kirche nicht auch eine Chance, eine Gelegenheit, Zeugnis zu geben?

Wir haben kaum kirchliche Strukturen, keine Pfarrgemeinderäte, ganz wenige Laienbewegungen, keine Katholische Aktion. Sie fehlen uns im großen und ganzen auch nicht. Aus der Vergangenheit haben wir gelernt, daß nicht sie der Kern des Lebens der Kirche sind. Wenn ihnen keine echte Communio zugrunde liegt, sind sie eher eine Belastung. Wir wollen zuerst Communio, eine Basis der Liebe und der Gemeinschaft – und erst dann Organisationen.

Das kommunistische Regime hat den Priesternachwuchs vermindert. Wir haben großen Priestermangel. Auch darin sehen wir ein „Zeichen der Zeit“, das uns bewegt, die Laien zur Mitarbeit heranzuziehen. Nicht, um die Lücken in der Kirche auszufüllen, sondern um echte

Familie zu werden, in der alle, Männer und Frauen, ihren Platz und ihre Mitverantwortung haben. Aber dazu ist es wichtig, echte, tiefe, auf dem Evangelium gründende Beziehungen zu entwickeln. Der Kirche geht es nicht um Organisation, sondern um die Gemeinschaft der Liebe, in der der auferstandene Christus gegenwärtig ist nach dem Wort: „Wo zwei oder drei in meinem Namen versammelt sind, da bin ich in ihrer Mitte" (Mt 18,20).

Wir sind jetzt dabei, die Ausbildung der Laien zu organisieren. Ohne sie geht es nicht. Wir haben bereits das katechetische Studium, das dreijährige Diakonatsstudium und noch anderes. Doch unsere Erfahrung hat uns gelehrt, daß dies alles erst an zweiter Stelle stehen darf. In der Vergangenheit ist uns manchmal bloß das Evangelium geblieben. Wir waren von der theologischen Literatur abgeschnitten. Aber im Leben des Evangeliums haben wir erfahren, wie wahr das johanneische Wort ist: „Wer meine Gebote hat und sie hält, der ist es, der mich liebt ... Auch ich werde ihn lieben und mich ihm offenbaren ..., und wir werden zu ihm kommen und bei ihm wohnen" (Joh 14,21.23). Deswegen wollen wir dem Leben nach dem Evangelium den Vorrang geben.

Vielleicht berühren Sie hier einen der tiefen Unterschiede zwischen der Denk- und Vorgehensweise bei uns im Westen und hier bei Ihnen ...

Wir wissen gut, daß es leichter ist, die Organisation und die Struktur mit Mitteln aus dem Westen aufzubauen, als mühsam und langsam echte Communio zu leben. In der Vergangenheit war uns das Kreuz sehr nahe; der kommunistische Staat hat es uns auferlegt, mit der Absicht, uns zu unterdrücken. Statt dessen ist es uns Zeichen und Quelle des Heils. Es wäre ein großer Verrat, wenn wir jetzt, in der Freiheit, vergäßen, woraus wir in schweren Zeiten gelebt haben. Wir dürfen nicht beginnen, uns auf Geld, Organisation und Strukturen, Wissenschaft und Theologie zu verlassen. Das bedeutet nicht, daß wir dies alles ablehnen, gewiß nicht. Aber wir wollen das andere in die neue Zeit mitnehmen. Ich weiß, wie schwer das zu vermitteln ist. Manche sehen uns als Fundamentalisten. Wenn sie es als Fundamentalismus auslegen, den Grundsätzen treu zu sein, dann sind wir gern bereit, „Fundamentalisten" zu sein. Jedenfalls möchte ich bei uns ein unermüdlicher Verkünder dieser Treue sein. Wir wollen bei allem, was wir zur Erneuerung der Kirche tun, die vierzig Jahre der Wüstenwanderung stets vor Augen behalten. Wir wollen den Westen nicht kopieren, wohl aber alles Gute annehmen und dann – auf dem Hintergrund unserer besonderen Erfahrungen – darauf aufbauen. Das muß man im Westen verstehen.

Wenn ich Sie recht verstehe, rührt daher Ihre Skepsis gegenüber manchen Hilfsangeboten aus dem Westen?

Nach der Öffnung kamen viele aus Deutschland und Österreich und wollten uns helfen, neue Strukturen aufzubauen. Ich habe das stark gebremst und gesagt: Erst das Leben, dann die Strukturen! Wenn es das Leben fordert und fördert, dann auch die Strukturen. Wir wollen von unten her bauen und nicht den Laien etwas überstülpen. Damit will ich keineswegs sagen, daß wir die Mitarbeit von außen ablehnen; aber manchmal habe ich gemerkt, daß uns die anderen helfen wollen nach ihrer Art, nicht nach unserer. Ist es nicht eigentlich ein Prinzip der Liebe, vom anderen her zu denken? Übrigens dauerte auch im Westen die Erneuerung nach dem Zweiten Weltkrieg eine gewisse – gar nicht kurze – Zeit.

Welchen Beitrag erwarten Sie von der Kirche in Deutschland für den Wiederaufbau in Ihrem Land?

Einen grundlegenden Schritt, den wir schon getan haben, habe ich bereits erwähnt: den Briefwechsel zum Thema Versöhnung und Vergebung. Weiter würden wir uns freuen, wenn wir unsere Erfahrung mit Gott so einbringen könnten, daß sie auch andern dienen kann. Wir brauchen Verständnis für unsere Situation, für unsere Bedürfnisse, wie sie sich aus *unserem* Blickwinkel darstellen. Wir brauchen ferner einen Austausch des „Lebens", der Erfahrungen, und zwar auch der negativen Erfahrungen im Westen, damit wir ähnliche Fehlentwicklungen vermeiden können. Wir brauchen Beratung in verschiedenen Sachfragen, und erst in diesem Zusammenhang brauchen wir auch materielle Hilfe.

Die Aufarbeitung und der Umgang mit der Vergangenheit ist ein allgemeines Programm der postkommunistischen Ära. Wie soll man mit jenen umgehen, die freiwillig oder unfreiwillig mit der staatlichen Polizei zusammengearbeitet haben? Es waren ja auch einige Priester darunter ...

Als Bischöfe von Böhmen und Mähren haben wir Ostern 1992 einen ersten Schritt getan: Wir baten um Vergebung für das Versagen und die Fehler unserer Mitbrüder, weil etliche es von sich aus leider nicht getan haben.

Buße ist nicht nur eine innerliche, individuelle Angelegenheit, sondern muß auch äußere Ausdrucksformen finden; sie hat eine gemeinschaftliche Dimension. Als Kirche sind wir nicht nur eine Institution, wie viele meinen; wir sind nicht mit verschiedenen Rechtspersonen, Vereinen oder humanitären Institutionen zu vergleichen. Wir sind Volk Gottes, „in der Einheit des Vaters, des Sohnes und des Heiligen Geistes geeint“ (Cyprian).

Jesus spricht in seinen Gleichnissen über das Reich Gottes von einem Feld, auf dem neben Weizen auch Un kraut wächst; er vergleicht es mit einem Netz, das Fische aller Art enthält (vgl. Mt 13,24-30.47-50). *So* ist die Kirche: nicht eine Gemeinschaft von erlesenen, reinen, unbefleckten Menschen, sondern eine Gemeinschaft, in der alles Mögliche zusammen wächst und lebt – bis zum Tag der Ernte. Die Kraft und Größe, die „Macht“ der Kirche liegt nicht in den Menschen, in deren Kraft und Größe, sondern in Christus, der sich durch die Inkarnation mit dem schwachen Menschen vereinte und seine Schwachheit angenommen hat, um die Kraft seiner Gottheit in ihn hineinzulegen.

Selbst unter Jesu Mitarbeitern war einer, der ihn verraten hat, und ein anderer – der erste der Apostel! –, der ihn verleugnet hat. Es gibt keinen anschaulicheren „Kommentar“ zu den Gleichnissen über das Reich Gottes. Ist es nicht bezeichnend, daß gerade Petrus, der erste der Apostel, die tiefe Erfahrung gemacht hat, daß die Welt nicht mit Schwert und Gewalt, sondern durch die Macht der Liebe Christi besiegt wird? Das ist der Kern der Sache: Wir dürfen nicht auf unsere Kraft und Leistung bauen, sondern sollen auf Gott allein vertrauen. Wenn wir es anders gemacht haben, ist Bekehrung fällig.

In der Geschichte der Kirche gab es viel Unkraut! Die Kirche als Ganzes muß Buße tun. Unvergeßlich ist das Beispiel Papst Pauls VI., als er die Exkommunikationsbulle von 1054 gegen die Ostkirche außer Kraft setzte: Bei der Begegnung mit dem Metropoliten Meliton küßte er ihm die Füße, um ihm die Ehre zu erweisen und seinen Schmerz über alles Üble auszudrücken, das zwischen den Kirchen stand.

Weil wir ein einziges Volk sind, spüren wir in der Kirche unsere Mitverantwortung für diese Schatten, Schwächen, für Scheitern und Sünden, auch für die Fälle heimlicher und offener Zusammenarbeit mit dem Regime. Wir wollten dem Bewußtsein, daß wir gesündigt haben, und unserer Reue Ausdruck geben; wir wollten die Bereitschaft zur Umkehr bekunden und die ganze Gesellschaft um Vergebung bitten. Wir wissen, daß dies nur der erste Schritt ist. Aber er mußte getan werden, um den Menschen den Weg zu bahnen, auf dem sie innerlich von dieser Last frei werden können. Nur so können wir als Kirche den Weg der Genesung einschlagen. Wir wollten jene, die uns beobachten und beurteilen, bitten, daß sie neben den Schatten und Schwächen auch die Kraft Gottes wahrnehmen, die in der Kirche gewirkt hat. Dafür haben diejenigen, die verfolgt waren und sich in tiefem Glauben auf Gott stützten, ein großes Zeugnis gegeben.

Die Notwendigkeit eines solchen Reinigungsprozesses auch innerhalb der Kirche zeigt sich besonders am Beispiel der Ex-Friedenspriester. Wie gehen Sie als Erzbischof mit den Priestern in Ihrer Diözese um, die zu „Pacem in terris“ gehörten?

In der Kirche gehen wir den Weg der Buße, nicht der Lustration. Wir haben bewußt nicht den Weg beschritten, anhand geheimer Akten Verzeichnisse der betreffenden Priester zu erstellen. Vielmehr habe ich in der Fastenzeit ’92 allen Priestern ohne Unterschied einen persönlichen Brief geschrieben. Ich habe diejenigen, die im Mechanismus der Verfolgung durch die Staatssicherheit hängengeblieben sind, aufgefordert, zu mir zu kommen und in einem persönlichen Gespräch zu klären, wie die Dinge tatsächlich standen. Eine ganze Reihe von Priestern kam zu diesem Gespräch oder schrieb einen vertraulichen Brief. Ich weiß, daß nicht alle gekommen sind, aber ich achte die Freiheit, in der die Betreffenden diesen Schritt getan haben, höher als ein systematisches Vorgehen anhand irgendwelcher Listen. Im übrigen darf man sich nicht einbilden, man könne auf diese Weise alle Schuldigen ausfindig machen.

Der Schritt zur Buße muß freiwillig sein. Nur in dieser Freiheit haben die Gespräche oder Briefe ihren vergebenden und versöhnenden Wert. Die auf diese Weise neu geschaffene Atmosphäre des Vertrauens schützt auch vor denen, die diesen Schritt nicht tun. Das mag verschiedene Gründe haben: die Unfähigkeit, seinerseits diesen ersten Schritt zu tun, ein mangelnder Glaube an die reinigende Kraft der Buße usw. In manchen Fällen mögen auch psychologische Mechanismen wie die Verdrängung, Rechtfertigung oder Bagatellisierung eigener Schuld hineinspielen ...

Buße jedenfalls ist eine aufbauende Kraft, die Werte neu hervorbringt, sie ist kein Instrument der Zerstörung.

Wie sind diese Gespräche verlaufen?

Eine Reihe von denen, die zum Gespräch kamen, erzählten offen, was für ein Drama sie durchgemacht haben, und waren dankbar, daß sie diesen Schritt tun konnten. Ich habe deutlich gesehen, daß die Zusammenarbeit mit der Staatssicherheit oft Ergebnis einer harten Verfolgung war, in der die Betreffenden selbst Opfer dieser Verfolgung wurden. Wenn jemand einen Schaden davontrug, waren es sie selbst.

In den Gesprächen empfanden die Priester, daß sie angenommen wurden und daß eine neue brüderliche Beziehung entstand. Oft stellten sie die Frage: „Was soll ich tun, um die Dinge wieder in Ordnung zu bringen?" Ich habe gefragt, ob sie einem Mitmenschen Schaden zugefügt hätten, und wenn das der Fall war, haben wir versucht, den Schaden wiedergutzumachen. In außerordentlichen Fällen, wenn Personen betroffen waren, die hohe Stellungen bekleideten, haben wir einen entsprechenden Wechsel veranlaßt.

Wir haben gespürt, daß sich eine gewisse Unsicherheit, vielleicht auch eine Spannung löste. Um die Dinge richtigzustellen und zu einer neuen Beziehung zu finden, müssen wir zusammenarbeiten. Eine Brücke ist ja auch auf beiden Seiten des Flusses verankert. In den Gesprächen ist uns aufgegangen, daß die Buße ein großes, uns anvertrautes Geschenk ist, das auch dort Wege eröffnet, wo es sonst keinen Ausweg gibt. Grundlegend ist die tiefe Überzeugung, daß jeder von uns dem anderen gegenüber schuldig ist und der Vergebung bedarf. Nur wer sich pharisäisch rein fühlt, kann den ersten Stein werfen.

Fast alle Priester haben mir nach dem Gespräch gesagt: „Es war eine Befreiung, jetzt fühle ich mich frei." Und sie haben gedankt für diese Möglichkeit der Klärung.

Ein weiterer heikler Punkt in der kirchlichen Situation Ihres Landes sind die Geheimpriester, die zum Teil verheiratet sind. Gibt es eine Lösung für dieses Problem? Wie sieht es aus Ihrer Sicht aus?

Ich halte das Problem für nicht so schwierig, wie es manchmal in der Presse dargestellt wurde. Gelegentlich hatte ich den Eindruck, daß man die Geheimpriester gegen die Hierarchie ausspielen wollte. Dabei wurde vergessen, daß es sich um provisorische Lösungen in einer besonders schwierigen Situation handelte. Jetzt wird die Sache gelöst, damit die Pastoral einheitlich wird.

Zu Beginn der Fastenzeit '92 wurde in vielen Kirchen ein gemeinsamer Brief aller tschechischen und slowakischen Bischöfe verlesen, in dem alle geheim geweihten Priester und Bischöfe aufgefordert wurden, sich zu offenbaren und mit den Ortsbischöfen Kontakt aufzunehmen, falls sie noch nicht in die volle Kirchenstruktur eingegliedert sind. Wie waren die Auswirkungen des Briefes?

Dieser Brief hat nicht viel bewirkt, denn die geheim geweihten Priester und Bischöfe hatten sich gleich nach der Revolution an die zuständigen Stellen gewandt. Schriftliche Protokolle sind dann an die Glaubenskongregation in Rom geleitet worden, die jeden Fall im einzelnen geprüft und Weisungen zur Lösung gegeben hat.

Ich denke, daß wir inzwischen mit allen geheim geweihten Bischöfen und Priestern gesprochen haben. Es sind ungefähr 170 Priester und 18 Bischöfe. Ein guter Teil dieser Priester ist verheiratet; nach ihrem Übertritt in die griechisch-katholische Kirche, in der die Priester in aller Regel verheiratet sind, waren sie mit deren Wissen und Erlaubnis geweiht worden.

Dann spräche doch nichts gegen die Gültigkeit ihrer Weihe. Warum führt man in diesen Fällen dennoch neue Weihen durch?

Die Glaubenskongregation ist nach Überprüfung aller ihr vorliegenden Protokolle und Dokumente zu dem Schluß gekommen, daß bei einem wichtigen Glied in der Apostolischen Sukzession die Gültigkeit der Weihen nicht zweifelsfrei feststeht. Um sicherzugehen, daß die betreffenden Priester gültig geweiht sind, bleibt kein anderer Weg als die Weihe „sub conditione": Das ist keine zweite Weihe, sondern eine Weihe unter der Voraussetzung, daß die erste keine gültige Weihe war.

Und wenn ein verheirateter Priester nicht in der griechisch-katholischen Kirche tätig sein will?

Dann darf er als ständiger Diakon in der lateinischen Kirche arbeiten. Auch in diesem Fall ist die „sub conditione“-Weihe erforderlich.

Von der Kirche im Untergrund, die im halblegalen Rahmen arbeitete, ist die sogenannte Untergrundkirche zu unterscheiden, die für manche sensationelle Schlagzeile Anlaß gab ...

Über die Untergrundkirche wissen nur sehr wenige Leute Bescheid; sie ist meiner Ansicht nach deswegen entstanden, weil einige die Situation nicht richtig einschätzten. Sie haben die Gefahren überschätzt, und das hat dazu geführt, daß sie auch verheiratete Männer zu Priestern weihten.

Anfang der 50er Jahre wurde eine Gruppe von Priestern geheim, aber mit Zustimmung des Vatikans, zu Bischöfen geweiht, unter ihnen die Kardinäle Tomásek und Korec. Bei einer anderen Gruppe ist fraglich, ob sie wirklich mit dem Einverständnis Roms und im Rahmen der Apostolischen Sukzession die Bischofsweihe empfangen haben. Es hieß, die Genehmigung sei aus Gründen der Geheimhaltung nur mündlich erfolgt. Die Frage ist allerdings offen, wer sie dann erteilte. Die vatikanische Glaubenskongregation hat dies alles geprüft.

Die neue Freiheit und der ungewohnte Pluralismus bringen auch für die Kirche in Ihrem Land ganz neue Herausforderungen mit sich. Wie sehen Sie die Situation unter diesem Gesichtspunkt?

Ich sehe die Gegenwart und die Zukunft aus der Erfahrung unserer Geschichte heraus. Wenn wir nicht diese Erfahrung gemacht hätten, wäre es wirklich sehr schwierig. Wir sind eine kleine Gruppe geblieben, die Kirche ist zahlenmäßig kleiner geworden. Wenn wir die Situation aus einer rein menschlichen Perspektive betrachten würden, könnten wir zum Schluß kommen, daß wir schlechte Aussichten haben zu überleben. Doch unter dem Kommunismus haben wir erfahren, daß es mit Gottes Hilfe weiterging. Ich bin sicher, daß wir auch die neue Situation der Öffnung, in der viele – und nicht immer positive – Einflüsse aus dem Westen kommen, meistern werden. Wir wollen auch in dieser veränderten Gesellschaft Sauerteig sein. In der Wüste haben wir die Erfahrung gemacht, daß Gott „in der Wolke und in der Feuersäule" inmitten seines Volkes gegenwärtig war. Im Westen hat man eher Erfahrungen mit den „ägyptischen Fleischtöpfen" gemacht, man hat sich stärker auf Materielles verlassen.

Welche innerkirchlichen Prozesse stehen jetzt Ihrer Meinung nach bei Ihnen an?

In unserer posttotalitären Zeit halte ich es für wichtig, daß sich die Kirche als Volk Gottes erneuert. Gerade in diesem Punkt war die Kirche am meisten verwundet: Die Pfarrer haben sich daran gewöhnt, ohne die Hilfe der Laien zu arbeiten, die ältere Generation der Laien war ohnehin nicht an Zusammenarbeit gewöhnt, und die beiden folgenden Generationen haben nur die Trennung von Priestern und Laien erlebt. Die Konzilskonstitution *Lumen gentium* konnte bei uns nicht ins Leben umgesetzt werden. Da steht uns ein langer Weg bevor. Kirche als Gemeinschaft, wirkliche Zusammenarbeit in der Kirche kann nicht durch organisatorische Maßnahmen hervorgebracht werden. Ein geistliches Wachstum ist nötig, ein Hineinwachsen in ein neues kirchliches Selbstverständnis, wie es in der erwähnten Konstitution, aber auch im Dekret über das Apostolat der Laien, im Apostolischen Schreiben *Evangelii nuntiandi* von 1975 und im Dokument über die Laien in der Kirche, *Christifideles laici* aus dem Jahre 1987, zum Ausdruck kommt. Dies läßt sich nicht durch bloße Vorträge und Studien erreichen, sondern verlangt eine innere Aneignung durch Meditation, Exerzitien usw. Ohne einen solchen organischen Wachstumsprozeß sind alle neuen Formen der Zusammenarbeit eigentlich nutzlos, mehr noch: Wenn sich diese neuen Formen ohne den neuen Geist ausbilden, können sie, wie manche Erfahrung zeigt, sogar schädlich sein.

Auch unter uns Bischöfen und Priestern müssen wir ein entsprechendes geistliches Wachstum fordern und fördern, damit dieser neue Geist unser Denken und Handeln durchdringt. In unseren Adern haben viele von uns ein 40jähriges Leben in der Vereinsamung. Da alles vom Staat gelenkt wurde, ist eine persönliche Initiative weithin nicht entwickelt worden. Zudem erschwert ein überkommenes paternalistisches Denken manchmal die Zusammenarbeit mit den Laien. Vielleicht hat man auch einfach ein wenig Angst davor.

Unter diesen Gegebenheiten kann Erneuerung keine rein organisatorische Angelegenheit zur Überwindung von Defiziten aus der Vergangenheit sein. Erneuerung muß auf Communio zielen, auf die Erfahrung von lebendiger Kirche, wie wir sie auch in der vergangenen Epoche machen konnten: „Wo zwei oder drei in meinem Namen beisammen sind, da bin ich in ihrer Mitte", sagt Christus (Mt 18,20). Kirche ist lebendig, weil Christus in ihrer Mitte ist. Nur mit unseren eigenen Kräften, auch wenn wir sie für eine „fromme Sache“ einsetzen, können wir nicht weiterkommen.

Einen weiteren Aspekt möchte ich ansprechen: Lange Jahre haben wir praktisch ohne Bischöfe gelebt. In meiner Heimatdiözese Budweis gab es seit den 50er Jahren keinen Bischof – achtzehn Jahre lang. Während des Prager Frühlings kam er für vier Jahre zurück, und dann folgten weitere achtzehn Jahre der Absenz. Wir erlebten, was es bedeutet, Herde ohne Hirte zu sein.

Auch die Priester haben darunter gelitten; sie entbehrten jeglicher Führung und Fortbildung. Sie waren – notgedrungen – für lange Zeit auf sich selbst gestellt, jeder war „sein eigener Bischof“. Aus diesem Grund ist das Verhältnis zwischen Bischöfen und Priestern jetzt neu zu vertiefen.

Die Gläubigen haben sich in der Zeit des Kommunismus, in der die Bischöfe fehlten, besonders dem Papst verbunden gefühlt. Als die Bischofssitze nur durch Administratoren besetzt waren, die manchmal unter dem Druck des Staates standen und zu „loyal“ waren, haben sie sich dem Wort Jesu gemäß verhalten: „Tut und haltet alles, was sie sagen, nach ihren Werken aber richtet euch nicht“ (Mt 23,3). Andererseits waren Bischöfe, die für die Kirche viel gelitten haben, den Gläubigen ein wichtiger innerer Halt. Aufgrund ihres Beispiel wurde uns neuen Bischöfen eine große Hochachtung entgegengebracht; dessen müssen wir uns jetzt würdig erweisen.

Sie haben oft betont, daß die Dialogfähigkeit auf allen Ebenen neu eingeübt werden muß ...

Das Erbe der Vergangenheit ist tiefer in uns verwurzelt, als uns oft bewußt ist. Viele von denen, die heute die Kirche unterstützen möchten, haben ihre festen Vorstellungen, die sie für die einzig richtigen halten, und möchten sie in einer Weise realisieren, die in der Vergangenheit angemessen war: auf kämpferische Weise. Auf menschliche Weise, mit intellektueller und geistlicher Kraft, will man das Gute durchsetzen. Und so glauben die einen, daß die Kirche als Gemeinschaft der Menschen rein, heilig und ohne Makel ist, und vergessen das 13. Kapitel aus dem Matthäusevangelium, die schon erwähnten Worte Jesu vom Unkraut unter dem Weizen und von dem Netz, in dem alle Arten von Fischen sind. Die anderen hingegen wissen gut, daß die Kirche auch Runzeln und Falten hat; sie sprechen viel darüber, wollen sie beseitigen und die Kirche reformieren, damit sie rein und ohne Makel sei. Sie ertragen nur schwer ihre Unvollkommenheiten. Auch sie vergessen jene Gleichnisse. Die einen wie die anderen gleichen dem Jakobus und Johannes, die – nach der Darstellung der Lukasevangeliums – in ihrem Eifer auf ein samaritisches Dorf, das Jesus nicht angenommen hatte, Feuer vom Himmel herabrufen wollten. Jesus hat sie scharf zurechtgewiesen.

Mir scheint, daß beide Seiten sich nicht auf den Geist Gottes stützen, sondern auf ihre menschliche Kraft. Oder sie haben Angst, etwas zu verlieren. Hans Urs von Balthasar hat einmal geschrieben, das Gegenteil des Glaubens sei nicht der Unglaube, sondern die Angst. Ich erinnere mich auch an wunderschöne Worte von Carlo Carretto über das Geheimnis der Kirche Christi: „Sie ist fähig, mir die Heiligkeit zu geben, und trotzdem ist sie eine Gemeinschaft von Menschen, die Sünder sind – vom ersten bis zum letzten. Und was für Sünder! Die Kirche bringt die reinste Botschaft, doch diese ist in einen Teig hineingeknetet, der schmutzig ist wie die Welt."

Warum hat Gott uns in den letzten Jahrzehnten so gedemütigt und erniedrigt? Warum hat er zugelassen, daß so viele Schwächen und Sünden in den Dokumenten der Archive festgehalten werden konnten? Warum sind wir so schwach vor der Welt geworden? Wir haben erlebt, wie unsere Fehler, die der Priester, Bischöfe und Laien, der Kirche großen Schaden zugefügt haben. Unsere Schwäche und die Macht Gottes sind immer sehr eng beieinander. Das ist der Stil Gottes. Und mir scheint, daß Gott an diesem Stil sogar Gefallen hat.

Jetzt sind wir endlich befreit. Ich verstehe die Ungeduld ... Aber das Unkraut, das innerhalb von vierzig Jahren gewachsen ist, kann man nicht auf einmal ausreißen. Die Erneuerung ist ein Prozeß, der organisch wachsen muß. Er ist etwas anderes als die Perestroika oder die ökonomische Reform. Dieser Prozeß wird Generationen dauern. Mit dem Reich Gottes ist wie mit einem Bauern, der sät; auch wenn er schläft, wächst die Saat, und er weiß nicht wie (vgl. Mk 4,27). Wir können das Wachstum nicht dadurch beschleunigen, daß wir die Keimlinge aus der Erde ziehen ...

Alle diese Entwicklungen kann man auf einen Nenner bringen: Wir haben nicht gelernt, einen geduldigen Dialog zu führen. Zum Dialog hinzuführen und ihn zu lernen – das ist die große Aufgabe der Medien, der Kirche, des Lebens. Dazu brauchen wir viel gegenseitiges Vertrauen und viel Geduld.

Wie verstehen Sie diesen Dialog?

Dialog ist eine Form der Liebe. Oder besser: die ewige Form des Lebens der Trinität. Nach dem Bild des dreifaltigen Gottes sind wir geschaffen. Wir können nicht zu reifen Persönlichkeiten werden, außer durch diesen Dialog. Wer zum Dialog nicht fähig ist oder ihn ablehnt, kann kein guter Christ werden. Alle sind dazu berufen, diesen Dialog zu lernen, und wir Bischöfe müssen damit anfangen. Wir müssen lernen, denn die Fähigkeit dazu ist uns nicht angeboren, und vierzig Jahre lang hatten wir keine Gelegenheit, Dialog einzuüben. Ganz unbewußt hat sich die alte Ideologie in unsere Herzen eingeschlichen, ohne daß wir uns dessen oft bewußt sind. Es kann nicht verwundern, daß sich viele Priester schwertun, zu diskutieren, echte und konstruktive Kritik zu üben, Meinungen auszutauschen und dabei die Wahrheit des anderen anzuerkennen.

Gewiß ist das Priestertum ein besonderes Charisma, aber das kann uns nicht von der Zusammenarbeit mit anderen entbinden. Wir müssen lernen, dem Geist Gottes (und auch den Mitmenschen) zuzuhören, um ein gutes Vorbild zu sein. Ich kann für mich und meine Mitbrüder sagen: Wir sind uns dessen bewußt. Wir möchten aber um Geduld und brüderliches Verständnis bitten, damit dieser Prozeß gut verlaufen kann. Das Konzil weist uns in diese Richtung. Ist nicht auch die Bischofskonferenz ein Organ, um in der Kollegialität zu wachsen und den Dialog zu lernen und zu üben? Jeder Bischof ist verantwortlich für einen bestimmten Bereich des kirchlichen Lebens; wenn er in diesem Bereich kein Experte ist, braucht er zu seiner Arbeit eine Kommission. Das ist die Werkstatt des Dialogs. Auch wenn wir nicht wollten, wären wir dazu genötigt. Aber dafür brauchen wir, wie gesagt, Zeit und Barmherzigkeit. Gott kann auch auf krummen Zeilen gerade schreiben und unsere Schwachheiten und Unvollkommenheiten für die Verwirklichung seiner Pläne benutzen. Gerade unsere „allzu menschlichen" Seiten, Unvollkommenheiten, Fehler, Mißerfolge tragen dazu bei, uns für den Dialog zu öffnen. Deswegen tut es mir weh, wenn in der Presse manchmal der Eindruck erweckt wird, die Bischöfe seien „hoffnungslos konservativ".

Denken Sie hier an eine überkritische Berichterstattung in der eigenen Kirchenpresse?

Zunächst möchte ich ganz allgemein sagen, daß die Kritik durchaus getragen sein kann vom Wunsch nach Dialog, doch oft gebärdet sie sich sehr kämpferisch, und nicht selten wird aus einem konkreten Einzelfall heraus ein pauschales Urteil gefällt. Zudem besteht der Hang, das Negative zu übertreiben. Was das zur Folge hat, wissen wir: Wenn zwei sich streiten ...

Entsprechendes findet man auch in unseren katholischen Zeitungen. Ich verstehe, daß die Reaktionen gelegentlich heftig sind. Die Gefahr ist dann groß, Artikel zu verfassen, die „undialogisch" sind und denen es an Liebe fehlt. Sie schaffen eine polemische Stimmung und entzweien. Durch diese Streitereien verlieren wir im Grunde nur Zeit und erregen damit mehr Anstoß als durch das Ereignis selbst, um das es eigentlich ging. Auch in einem Text, der sich kritisch mit einer Sache auseinandersetzt, sollte die ehrliche Bemühung um Erkenntnis in der Wahrheit und in der Liebe spürbar sein, und manchmal vermag die Liebe auch Fehler zuzudecken! Wenn dieses Bemühen um die Wahrheit in der Liebe, die das ganze sieht, fehlt, könnte man in gewissem Sinn von einem „häretischen" Text sprechen: Häresie heißt doch, aus der Ganzheit der Wahrheit nach eigenem Gutdünken etwas herausnehmen.

„Dialog" ist eines Ihrer Lieblingswörter. In Ihren Predigten und bei öffentlichen Veranstaltungen sprechen Sie immer wieder über den Dialog, und oft kommen Sie in diesem Zusammenhang auf die Dreifaltigkeit zu sprechen. Könnten Sie diesen theologischen Hintergrund kurz entfalten?

Dazu wäre vieles zu sagen; hier muß ich mich auf ein paar flüchtige, unvollständige Gedanken beschränken ...

Der Mensch ist, wie schon Aristoteles sagte, ein Gemeinschaftswesen. Er ist existentiell angelegt auf ein Du. Mehr noch: Nach dem Schöpfungsbericht der Bibel wurde der Mensch geschaffen als Abbild Gottes, und dieser Gott ist – so glauben wir Christen – ein dreifaltiger Gott. Der Mensch wurde also erschaffen als Abbild des einen Gottes in drei Personen, welche im ewigen Dialog der ewigen Liebe leben. Der trinitarische Dialog ist ein seinsmäßiger Dialog, ist Austausch des Lebens. Der Vater gibt dem Sohn alles (und deswegen ist er Vater), wie Johannes an verschiedenen Stellen sagt. Jesus „lebt" den Vater und offenbart ihn durch sein Handeln, durch sein Wort, durch sein ganzes Leben. Er offenbart den Vater; er offenbart das Leben der Trinität, wo der Vater ganz für den Sohn ist und der Sohn ganz für den Vater, wo Vater und Sohn jeweils im anderen und in sich selbst sind und sich in der Liebe (im Heiligen Geist) einander hingeben. Der Gipfel dieser Offenbarung ist das Kreuz Jesu Christi, seine totale Hingabe an den Vater. Diese Lebenshaltung hat Jesus auch uns Menschen gegenüber praktiziert: Er hat uns alles gegeben, was er vom Vater bekommen hat. Paulus schreibt: „Seid untereinander gesinnt, wie es dem Leben in Christus Jesus entspricht" (Phil 2,5). Das ist ein Aufruf zum Dialog nicht nur mit Worten, sondern zum Dialog des Lebens. Dies wäre eine zeitgemäße Form „trinitarischer Spiritualität", eine authentische Weise christlichen Lebens heute.

Wenn ich von Dialog spreche, denke ich an den Dialog in der Trinität, an den Dialog zwischen Gott und Mensch in Christus, an den Dialog zwischen Menschen im Heiligen Geist, in der Liebe. Dialog in diesem Sinne besagt sehr viel mehr, als miteinander zu sprechen. Das Gespräch ist nur ein Element des Dialogs. Dialog ist ein Lebensstil für alle Christen, weil die Kirche das Volk Gottes ist, das in der Einheit des Vaters, des Sohnes und des Heiligen Geistes gründet, wie es am Anfang der Konstitution über die Kirche heißt.

Ein Thema, das die Kirche an vielen Orten heute bewegt, ist die „Inkulturation" des Glaubens, seine Verankerung im jeweiligen kulturellen Kontext. Wo sehen Sie für die Kirche in Ihrem Land diesbezüglich Ansatzpunkte?

Die Kirche bei uns steht zunächst vor Fragen, die ins Vorfeld der Inkulturation im eigentlichen Sinne gehören; ich möchte sagen, wir müssen uns zunächst „in die Kirche inkulturieren".

Nach Jahrzehnten, in denen das kulturelle Erbe der Vergangenheit weithin totgeschwiegen wurde, weil es christlich geprägt ist, heißt Inkulturation für uns unter anderem, dieses Erbe kennenzulernen. Allgemein ist in unserer Gesellschaft eine Hinwendung zur vorkommunistischen Vergangenheit zu beobachten.

Wenn ich von „Inkulturation in die eigene Kirche" spreche, dann meine ich damit die Notwendigkeit, das Zweite Vatikanische Konzil zu rezipieren und tiefer zu verstehen, was Kirche heute bedeutet. In vielen Bereichen haben wir das Konzil noch nicht umgesetzt. Wir müssen unser Augenmerk zunächst darauf richten, daß die Kirche richtig verstanden wird. Dann werden wir auch ein neues Verhältnis zur Welt finden und in dieser Gesellschaft unseren Beitrag geben können.

Wie kann es der Kirche gelingen, Menschen ohne Glauben anzusprechen?

Ich verstehe heute immer besser manche meiner Freunde aus der Zeit des Kommunismus, die keinen Glauben hatten. Vor allem in den 50er Jahren habe ich viel mit ihnen darüber diskutiert. Sie betonten immer wieder: Was wir nicht greifen können, das glauben wir nicht. Mich hat das damals sehr getroffen. Ich habe wieder und wieder die Vernunft und die rationalen Argumente angeführt. Allmählich begann ich zu verstehen – und das sehe ich jetzt als ein Zeichen der Zeit –, daß man heute alles mit den Sinnen erfassen will. Das ist ein durchaus berechtigtes Bedürfnis. Johannes betont ja: „Was wir gehört und mit unseren Augen gesehen haben, was wir betrachtet und was unsere Hände betastet haben ..., das verkünden wir euch" (1 Joh 1,1.3). Die heutige Welt ist nicht in erster Linie spekulativ orientiert, wie es etwa der mittelalterliche Mensch war. Die Autorität, die heute gilt, ist die Erfahrung. Bei einem deutschen Exegeten habe ich gelesen: „Man ist nur fähig, das Evangelium richtig zu verstehen und zu erklären, wenn man es zuerst gelebt hat." Beeindruckt hat mich auch das Wort Pauls VI., die Welt von heute höre weniger auf Lehrer als auf Zeugen, und wenn sie auf die Lehrer höre, dann deswegen, weil sie zuerst Zeugen waren. In diesem Sinn macht das gelebte Evangelium Gott erfahrbar, und zwar in der Communio: „Wo zwei oder drei in meinem Namen versammelt sind, da bin ich mitten unter ihnen", sagt Jesus (Mt 18,20). Jesus selbst ist es, der in der Gemeinschaft der Kirche lebt und spricht. Diese Erfahrung der Nähe Gottes in einer tiefen Communio der Kirche, etwa in kleinen kirchlichen Gemeinschaften, ist für manche Nichtglaubenden auch jetzt ein „vehiculum gratiae", ein Weg der Gnade zu Gott.

Aus dem, was Sie sagen, ist sehr stark das Bild einer „geschwisterlichen“ Kirche zu erspüren. Hängt das auch mit Ihrer persönlichen Lebensgeschichte zusammen?

Ich habe manchmal darüber nachgedacht und bin zu dem Schluß gekommen, daß Gott mich äußerst geschickt auf bestimmte Wege geführt hat ...

Ich habe an mir selbst gesehen, wie schwer es mir gefallen ist, in meiner Pfarrei wirklich zu dienen, „die Füße zu waschen“. Als Priester hatte ich immer eine „höhere Position“. Auch deshalb war für mich die Prager Fensterputzer-Zeit überaus wichtig. Das war für mich eine große Schule, eine wichtige Vorbereitung für die neue Aufgabe, die mir jetzt übertragen ist. Ähnliches haben andere Priester im Untergrund erlebt; denn hier war die Sehnsucht nach Gemeinschaft sehr stark.

Für die Priester ist es eine unbedingte Notwendigkeit, zu dienen, den Menschen nahe zu sein und Vertrauen aufzubauen.

Wie sehen Sie die Rolle der kirchlichen Bewegungen innerhalb des Neuaufbaus der Kirche in Ihrer Diözese?

Ich glaube, die in den letzten Jahrzehnten entstandenen geistlichen Bewegungen sind in der Kirche so etwas wie die großen religiösen Orden im Mittelalter. Sie helfen der Kirche heute, sich innerlich zu erneuern und die Gesellschaft neu zu evangelisieren. Da sie weitgehend aus Laien bestehen, bilden sie eine Brücke zwischen Kirche und Welt, wie das Konzil es wünschte. Um diese Ziele zu erreichen, ist auf jeden Fall eine tiefe Einheit unter allen notwendig, wie Jesus sie vom Vater erbeten hat. Ich erhoffe mir, daß die Bewegungen dazu beitragen, diese Einheit in den Pfarreien und Diözesen aufzubauen.

Sie haben in den letzten drei Jahren zahlreiche Kontakte mit der Kirche in den Ländern des Westens gehabt. Wie waren Ihre ersten Eindrücke?

Als ich mit anderen Bischöfen zum ersten Mal im Westen war, im März 1990 in Fatima, haben wir auch über die Medien gesprochen. An den Reaktionen ist mir schmerzlich bewußt geworden, wie groß die Unterschiede zwischen uns sind, wie verschieden die Erfahrungen sind, die wir gemacht haben, und wie leicht Fronten entstehen können. Wir hatten unsere Erfahrung weitergeben wollen: daß Gott nah ist, daß wir ihm den ersten Platz geben müssen. Was wir sagten, wurde von einigen als „Fundamentalismus" ausgelegt, es war ihnen zu stark. Es war damals ein großer Schmerz für mich, daß wir nicht verstanden wurden ...

Anfangs habe ich die kirchliche Situation im Westen nur ganz grob wahrgenommen. Als ich mich dann öfters mit verschiedenen Leuten getroffen habe, sind mir die Differenzen und Fronten, die Einstellungen und Tendenzen deutlicher geworden. Da ich mich oft mit westlichen Maßstäben gemessen fühlte, habe ich versucht, die kirchliche Szene des Westens besser kennenzulernen.

Daß man mich für einen Fundamentalisten hielt, kam vielleicht auch daher, daß ich zu konkret von Gott, seiner Wirksamkeit und Nähe gesprochen habe, davon, daß ich ganz konkret mit ihm gerechnet habe. Meinen Gesprächspartnern drängte sich der Verdacht auf, ich würde ein altes Bild von Welt und Kirche vertreten und wäre überholten, naiven Vorstellungen vom Ablauf der Geschichte verhaftet. Sie meinten, daß ich mich gegen die Öffnung der Kirche zur Welt wehre ... Ich möchte dagegen ausdrücklich betonen, daß ich keine Absicht habe, die Entwicklung umzukehren. Ich bemühe mich nur, die

Zeichen der Zeit zu verstehen und sie im Lichte des Evangeliums zu deuten. Dies bedeutet, zu erkennen, welche „Signale" die Entwicklungen unserer Zeit der Kirche heute geben: Sie verweisen uns auf bestimmte Aspekte des Evangeliums, die es zu vertiefen und heute fruchtbar zu machen gilt.

Ich habe den Eindruck, daß man im Westen *diese* „Zeichenfunktion" gelegentlich übersieht. Die „Zeichen der Zeit" werden manchmal nicht als Wegweiser zum Evangelium benutzt, sondern man trägt ein Stück der heutigen Welt unbesehen in die Kirche hinein. Wir verstehen nicht immer die geheimnisvolle Rede Gottes in unserer Zeit. Wir müssen sie entziffern, „entmythologisieren" und sie aus dem Evangelium heraus deuten.

Wie sehen Sie in diesem Zusammenhang das Streben nach mehr Demokratie?

Dieses Streben ist zweifellos eines der Zeichen unserer Zeit. Es wäre ein Mißverständnis, daraus zu folgern, daß wir die Elemente der freiheitlichen Demokratie westlichen Typs in die Kirche hineintragen müßten. Wir können nicht einfach das hierarchische Prinzip gegen die Demokratie eintauschen. Für mich ist die Demokratie ein Signal dafür, daß wir unbedingt die frühchristliche geschwisterliche Gemeinschaft erneuern müssen. Der hierarchische Dienst muß so gestaltet werden, daß er die Form eines brüderlichen Dienstes der Leitung und Zusammenarbeit annimmt. Das heißt unter anderem auch, daß zu der „Vertikalen" immer auch die „Horizontale" der Zusammenarbeit zwischen Geistlichen, Laien, Pfarrgemeinden und allen anderen kommen muß.

Zu dieser Communio braucht man die eigenen menschlichen Kräfte und Methoden, den menschlichen Geist.

Aber dies allein genügt nicht. Es kann nicht darum gehen, einfach das gesellschaftlich-politische Instrumentarium von Petitionen, Demonstrationen, Abstimmungen und Verhandlungen zu übernehmen. In der Demokratie bestimmt die Mehrheit der gleichberechtigten Partner; man geht in die Medien, stellt anderen die eigenen Ansichten vor, kritisiert heftig ... Mir scheint, das sind nützliche Methoden der Welt, aber es ist nicht die Methode Christi, das ist nicht sein Geist. Wir sind vielleicht geneigt, das, was wir in der heutigen Welt vorfinden, zu übernehmen, um dadurch die Kirche zu „retten“. Aber rührt das nicht daher, daß wir den Glauben an die Liebe Gottes und an ihre Logik und Wirksamkeit verloren haben? Wir brauchen den göttlichen Geist, der der Geist der Liebe und des trinitarischen Dialogs ist. Menschliche Logik führt uns nicht ins Reich Gottes; dazu braucht es die Logik des Kreuzes.

Könnten Sie sich vorstellen, Bischof einer Diözese im Westen zu sein?

Nein ... Das würde mir sicher schwerfallen. Im Westen wird so viel diskutiert; die Mentalität ist doch sehr verschieden ...

Kürzlich hat Ihnen die Katholisch-Theologische Fakultät der Universität Passau das Ehrendoktorat verliehen. In Ihrer Dankansprache interpretierten Sie die Ehrung als Anerkennung der Erfahrung, die Sie und die Christen in Ihrem Land unter den Bedingungen des Kommunismus gemacht haben. Sie sprachen von der Bedeutung der „Erfahrung“ in der heutigen Zeit, auch für die Theologie.

Wir haben im Herzen Europas Erfahrungen machen müssen, über die zu sprechen uns schwerfiel und auch jetzt –

in der Begegnung mit den Brüdern und Schwestern aus dem westlichen Europa – noch einmal schwerfällt. Wir haben erfahren, zu wieviel Bösem der Mensch fähig ist, ja daß er Gefallen am Bösen finden kann. Das hat uns der Totalitarismus enthüllt, dieses geradezu teuflische System, das es fertig brachte, Mißtrauen zu säen und zum Verrat anzustiften. Ich verstehe „Erfahrung“ nicht im Sinne der marxistischen Philosophie, wo die Praxis das Kriterium der Wahrheit ist. Ich denke an den Erfahrungsbegriff, wie er in der theologischen Literatur, besonders auch im Bereich der biblischen Theologie, entfaltet worden ist, an eine „Erfahrung“ im Sinne der Bibel, auch des Alten Testaments. Jesus selbst stellt die Erfahrung als einen Weg zur Erkenntnis Gottes heraus (vgl. Joh 14,21).

Die Erfahrung der Irrungen des Menschen in ihrer ganzen Abscheulichkeit hat uns tiefer verstehen lassen, was es bedeutet, daß Gott Mensch geworden ist und sich uns offenbart hat. Bei uns in Mittel- und Osteuropa haben wir Erfahrungen gemacht, die zu Europa, zum ganzen Europa gehören. Wir mußten sie vielleicht für Europa – und womöglich auch für andere Erdteile – machen.

Sie wissen, wie umstritten bei uns im Westen der Zölibat ist. Wie sieht das bei Ihnen aus?

Bei uns sind die Forderungen nach Abschaffung des Zölibats nicht so stark. Wir haben viele andere Probleme, und für die Priester ist der Zölibat etwas Selbstverständliches. Inwieweit er in seiner ganzen inneren Bedeutung gelebt wird, ist eine andere Frage, die schwer zu beantworten ist. Jedenfalls wird hier nicht seine Aufhebung verlangt. Vielleicht ist bei uns die Bereitschaft zum Opfer, zum Verzicht noch etwas größer. Nicht zu vergessen ist auch, daß man in der Vergangenheit erleben konnte, wie gerade inhaftierte Priester, die aufgrund ihres Zölibats ungebunden sind, entschieden zu ihrem Glauben gestanden haben.

Sie waren in Nordamerika und im Heiligen Land. Welche Eindrücke haben Sie dort gewonnen?

Bei der Reise nach Nordamerika ging es darum, unseren Landsleuten für die Hilfe zu danken, die sie dem Nepomuk-Kolleg in Rom gegeben haben, aber auch für alles, was sie für uns zu Hause geleistet haben ... Unsere Landsleute in Amerika sind den anderen amerikanischen Christen sehr ähnlich. Ich habe in der amerikanischen Kirche viel Toleranz wahrgenommen, allerdings auch gewisse Anzeichen von Fundamentalismus, womöglich als Reaktion auf die säkularisierte Konsumgesellschaft.

Im Heiligen Land war ich mit allen tschechischen, mährischen und auch vier slowakischen Bischöfen. Es waren sehr tiefe Erlebnisse, es war, wie wenn man etwas, das man vom Lesen und der Betrachtung her kennt, plötzlich anfassen kann. Als wir mit dem Schiff den See Gennesareth überquerten, haben wir mitten auf dem See angehalten und im Evangelium die Perikopen gelesen, die dort spielen. In Kapharnaum haben wir das Haus des Petrus besucht, auf das man vor nicht langer Zeit bei Ausgrabungen gestoßen ist. Dort finden sich Überreste einer kleinen Kapelle etwa aus dem Jahr 150 mit einer aramäischen Inschrift „Petrus“ und „Rom“ ... Es waren bewegende Momente!

Die Dimension Weltkirche ist angesichts der jahrzehntelangen erzwungenen Abschottung in Ihrer Kirche sicher sehr entwicklungsbedürftig ...

Unsere Beziehung zur Weltkirche war auf die Kontakte des Kardinals Tomásek zum Papst beschränkt. Sie konnten direkte Beziehungen pflegen und miteinander verhandeln. Das war alles. In den letzten Jahren vor der Revolution sind ab und zu ausländische Bischöfe hierher gekommen, um den Kardinal zu stützen und zu stärken. Aber erst nach 1989 haben wir diese Beziehungen zu den anderen Kirchen entwickeln können.

Kirche der Zukunft - Zukunft der Kirche

Sie haben die Jugend als die Hoffnung der Kirche bezeichnet. Was raten Sie den jungen Leuten, die in einer posttotalitären Gesellschaft wie der Ihren leben?

Die Jugend hat einen großen Vorteil: Sie hat einen natürlichen Elan und eine große Offenheit, sie besitzt Ideale, sehnt sich nach dem Schönen und Guten ... All das sind Werte, die sie nicht verlieren darf, sondern pflegen sollte. Ich glaube, daß gerade die Jugend verstehen kann, was ich über den Dialog und über die Offenheit für Gott und füreinander gesagt habe.

Es ist charakteristisch für die Jugend, daß sie sich entwickeln, wachsen und reifen will; Jugendliche möchten Persönlichkeiten werden, sie sind auf der Suche nach ihrer Identität. Ich würde ihnen wünschen, daß sie ihre wahre Identität finden, als Abbild des dreifaltigen Gottes. Man findet nicht zur Fülle ihres Lebens, wenn man sich im ständigen „Habenwollen" nur auf sich selber konzentriert und sich anderen gegenüber verschließt. Ein Mensch wächst und reift, wenn er gibt, wenn er sich öffnet, aus sich herausgeht und die Freuden und Leiden der anderen teilt. Er wächst, wenn er sich leer macht, um den anderen in sich aufnehmen zu können ...

Eine eindrucksvolle Begegnung war das Weltjugendfest 1991 im polnischen Tschenstochau, an dem über 7000 jugendliche Pilger aus Böhmen, Mähren und der Slowakei teilgenommen haben. Es sind tiefe Beziehungen unter den Jugendlichen und mit den Bischöfen entstanden; wir Bischöfe haben bei dieser Gelegenheit Seite an Seite mit den Jugendlichen gelebt, wir haben mit ihnen gebetet, mit ihnen gegessen. Nach diesen Tagen drückte ein Jugendlicher aus, was viele empfanden: „Die Bischöfe gehören zur Jugend.“ Und wir haben geantwortet: „Wir gehören zusammen.“ Wir Bischöfe haben in diesem Augenblick erkannt, daß die Zukunft und die Hoffnung wieder mit uns sind. Wir bemühen uns, in engem Kontakt mit den Jugendlichen zu bleiben und oft bei Jugendveranstaltungen dabei zu sein.

Könnte es sein, daß die Kirche im Osten einer ähnlichen Situation entgegengeht, wie wir sie heute im Westen, zum Beispiel in Deutschland, haben?

Diese Frage verlangte eine prophetische Antwort. Ich glaube nicht, daß man die Entwicklungen unmittelbar vergleichen kann. Unser Ausgangspunkt ist ein anderer als etwa der in Westdeutschland nach dem Ende des Naziregimes, nach dem Zweiten Weltkrieg.

Im Westen hat eine mehrheitlich christliche Gesellschaft die Erfahrung eines großen ökonomischen Aufschwungs gemacht, der den Eindruck erweckte, daß alles machbar sei.

Bei uns stellen die Gläubigen eine Minderheit dar; die Kirche bei uns ist nach der Verfolgung kleiner geworden. Sie hat in dieser Zeit die starke Erfahrung gemacht, daß Gott uns nahe ist; doch zugleich ist sie durch eine große Belastung gekennzeichnet, durch das negative Erbe des Kommunismus, das wir zuerst heilen müssen. Diese Situation ist im Vergleich mit dem Westen ein „Mangel“ an Entwicklung. Die Mehrheit der Bevölkerung kommt aus der kommunistischen Zeit mit einer ungestillten Sehnsucht nach Wohlstand. Und dabei schaut sie auf das Beispiel des Westens. Wenn man beobachtet, wie derzeit bei uns die ökonomische Reform vonstatten geht, wie sich ein „Unternehmerfieber" ausbreitet, wie einige versuchen, aus dem Privatisierungsprozeß möglichst viel Profit zu schlagen (unter Umständen auch durch Betrug), dann wird deutlich, daß ein Teil der Gesellschaft in der Vergangenheit wenig gelernt hat, daß die Geschichte für viele keine „Magistra vitae", keine Lehrerin des Lebens, war. Während sich in Westeuropa die ernüchternde Erkenntnis durchsetzt, daß die Werte, die in den vergangenen vierzig Jahren bestimmend waren, für das Leben in Zukunft nicht mehr haltbar sind, laufen viele bei uns gerade diesen Werten nach.

Dennoch hoffe ich, daß wir die Fehlwege, die man im Westen manchmal gegangen ist, mit Gottes Hilfe vermeiden können.

Wenn Sie die hochgesteckten Erwartungen, die Aufbruchsstimmung im November 1989 mit dem vergleichen, was die folgenden Jahre inzwischen an Enttäuschungen und Ernüchterung, an Rückschlägen – von Golfkrieg bis Ex-Jugoslawien – gebracht haben, wie sehen Sie dann unsere Situation in dem gemeinsamen Boot Europa und in der Welt insgesamt?

Man unterliegt immer neu einer großen Täuschung: dem Glauben, äußere Veränderungen und Kräfte könnten allein die Entwicklung voranbringen. Doch dies reicht nicht aus, und auch bloßer Enthusiasmus ist zu wenig.

Mir scheint die Lektion der letzten Jahre mit jener vergleichbar, die uns das Scheitern des Kommunismus gegeben hat; es ist eine Erfahrung, die sich in unterschiedlichem Gewand in der Geschichte oft wiederholt: Sich nur auf die menschlichen Kräfte, auf Organisationen und Strukturen – und seien es globale – zu stützen führt nicht vorwärts. Die Probleme der Menschen und der Nationen lassen sich so nicht lösen, und schon gar nicht können auf diese Weise Gruppen- und Nationalegoismen überwunden werden.

Es ist notwendig, die Situation von den Wurzeln her zu ändern. Die Menschen, die Herzen sind zu heilen – durch die Liebe Gottes, die in Christus Jesus geoffenbart wurde. Das ist aber ein langer Prozeß. Aus der Erfahrung im Kommunismus, einer Erfahrung unserer eigenen Ohnmacht, ist für mich eine tiefe Gewißheit erwachsen: Nur Gott, der in Christus, dem Auferstandenen, in unserer Mitte gegenwärtig ist, vermag Probleme zu lösen und Nichtglaubende anzusprechen; nur er kann sie erfahren lassen, daß Gott uns nahe ist.

Ich habe eine große Hoffnung für unsere Zeit, denn wir dürfen fest auf die Zusage Jesu vertrauen: „Ich bin bei euch alle Tage bis ans Ende der Zeiten" (Mt 28,20). Das ist meine Hoffnung für den Westen, aber auch für den Osten und für alle Fragen und Probleme, die wir haben.

Als Schlußwort: Wie würden Sie sich auf dem Hintergrund Ihrer Vergangenheit Kirche heute wünschen?

In der Vergangenheit haben wir erfahren, daß die äußere Freiheit nicht alles ist. Wir haben entdeckt, was das heißt: „Du, o Gott, bist mein einziges Gut". Darin fanden wir eine nicht zu unterdrückende innere Freiheit: von der Angst, von den äußeren Umständen, von dem Wunsch, sich selbst zu retten, vom Besitz, vom Vertrauen auf unsere Kräfte ...

Jetzt sind wir auch äußerlich frei. Aber wir könnten wiederum Sklaven werden: unserer Gedanken, der Rolle, die wir spielen, unserer Sorgen ... Wir könnten uns selber „einsperren" in den engen Horizont unserer Diözesen, uns verstricken in den Schwierigkeiten, denen wir bei einer neuen Evangelisierung begegnen. Hingegen wollen wir bezeugen, daß Christus uns befreit hat; wir möchten Zeugen der ganzen Freiheit Christi sein: „Er war Gott gleich, hielt aber nicht daran fest, wie Gott zu sein" (Phil 2,6). So hat er uns befreit: indem er alles geschenkt hat, sich selbst ganz und gar. Er möchte, daß wir unsererseits alles geben, „damit die Welt glaubt" (vgl. Joh 17,21). Wir alle sind gerufen, wie er uns selbst zu entäußern, all dessen, was wir haben, um die anderen aufzunehmen und uns ihnen schenken zu können.

Das ist der erste Schritt der „Evangelisierung", wie Jesus sie praktiziert hat: Um uns in sich aufnehmen zu können und uns das Leben Gottes zu schenken, entäußerte er sich selbst. Das Kreuz zeigt uns das grenzenlose Maß dieser Entäußerung: Es ist das unendliche Maß des unendlichen Gottes. Gerade darin hat Christus uns das Leben Gottes offenbart. Als er auf die Erde kam, hat er das Leben „wie im Himmel" fortgesetzt; indem er alles von sich geschenkt hat, hat er uns das Leben der Dreifaltigkeit gezeigt: gegenseitiges, reines Schenken. Der Vater gibt, indem er den Sohn zeugt, sich ganz. Er entäußert sich so weit, daß er seinerseits das Geschenk des Sohnes empfangen kann. In diesem göttlichen Geben und Empfangen sind Vater und Sohn eins im Heiligen Geist.

Es gibt keine Einheit ohne wechselseitiges Sich-Schenken, und es gibt kein Sich-Schenken ohne Selbstentäußerung.

Wenn wir die Botschaft des Evangeliums in Europa und in der Welt weitergeben möchten, damit es zur Begegnung zwischen dem „Wort des Lebens" und den verschiedenen Kulturen kommen kann, müssen wir zunächst uns selbst evangelisieren: das leben, was wir den anderen verkündigen wollen. Wo das geschieht, wo im wechselseitigen Sich-Schenken Einheit erwächst, wo wir diesen „trinitarischen Dialog" existentiell leben, dort ist Gott lebendig; die Gegenwart Christi und seines Geistes wird fast mit Händen greifbar. Das läßt uns „Stadt auf dem Berg" sein, Ikone der Dreifaltigkeit, Zeichen und Werkzeug – in Christus – „für die innigste Vereinigung mit Gott wie für die Einheit der ganzen Menschheit" (*Lumen Gentium* 1).

Anmerkungen

1 Acht Monate wirkte Vlk in Zihobce und Bukovník bei Klatovy (Klattau), ab September 1989 in Cachrov, Besiny, Jávorná, Zelezná Ruda (Eisenstein) und Strázov.

2 Am 31. März 1990 wurde Vlk im Budweiser Dom von Weihbischof Antonín Liska zum Bischof geweiht. Nach Vlks Berufung zum Erzbischof von Prag (Amtseinführung am 1. Juni 1991) wird dieser sein Nachfolger als Bischof von Budweis.

3 Die Fokolar-Bewegung entstand in den 40er Jahren im norditalienischen Trient aus einer kleinen Gruppe junger Frauen um Chiara Lubich. Sie möchte beitragen zur Verwirklichung der Einheit unter allen Menschen. Sie zählt heute etwa 90.000 Mitglieder, etwa zwei Millionen Menschen in über 180 Ländern stehen mit ihr in Verbindung. Es gibt zahlreiche Formen der Zugehörigkeit, von verbindlichen Lebensformen in kleinen Gemeinschaften bis hin zur freien Mitarbeit in verschiedenen Initiativen. In den Ländern des ehemaligen Ostblocks faßte sie seit 1960 Fuß, in der Tschechoslowakei seit 1968.

Inhalt

Vorwort 5

Wegstationen 9

Kindheit 9 - Berufung und Internatsaufenthalt 12 - Militärzeit und Studium 15 - Archivar in Südböhmen 19 - Im Priesterseminar 20 - Priesterweihe und Zwangsversetzung 23 - Als Fensterputzer in Prag 27 - Leben in einer Laiengemeinschaft 30 - Bischof von Budweis 33 - Erzbischof von Prag 34 - Vorsitzender der Europäischen Bischofskonferenz 37

Kirche und Gesellschaft vor und unter dem Regime ... 43

Vor dem kommunistischen Umsturz 43 - Einzug der kommunistischen Ideologie 43 - Die Verfolgung der Kirche 50 - Innere Erneuerung der Kirche in den Jahren der „Wüste" 57

Die Kirche und die „sanfte Revolution" 63

Vergangenheit und Neubeginn 69

Zeit der Ernüchterung 69 - Die ausgebliebene „zweite Revolution" 75 - Bewältigung der Vergangenheit 78 - Kirche und Politik 80 - Das Ende des gemeinsamen Staates 83 - Tschechen und Deutsche 87

Kirche heute 91

Der aktuelle Stand 91 - Die Rückgabe des kirchlichen Eigentums 96 - Treue zur Erfahrung der „Wüste" 99 - Innerkirchlicher Umgang mit „Kollaborateuren" 101 - Geheim geweihte und verheiratete Priester 105 - Ungewohnter Pluralismus, Notwendigkeit des Dialogs und innere Erneuerung der Kirche 107 - Beziehungen zur Kirche im Westen 119

Kirche der Zukunft – Zukunft der Kirche 125

Anmerkungen 131

In der gleichen Reihe ist erschienen:

Carlo M. Martini

PERSPEKTIVEN FÜR KIRCHE UND WELT

Ein Gespräch mit dem Mailänder Kardinal

144 Seiten, gebunden
ISBN 3-87996-293-6

Das erste ausführliche Interview mit dem Mailänder Kardinal: Ansichten und Einsichten eines kritischen und selbstkritischen Zeitgenossen, der eine ungebrochene Zuversicht ausstrahlt und weit über die Grenzen seiner Diözese hinaus Aufsehen erregt.
Vielleicht liegt im demütigen Hinhören auf das, was das Wort Gottes uns heute zu sagen hat, der tiefste Grund seines weltweiten Ansehens. Daß Gottes Wort für die Fragen unserer Zeit eine Quelle kreativer Hoffnung ist, davon geben diese Seiten ein eindrucksvolles Zeugnis.

Das Gespräch führten Antonio Balletto, Direktor des italienischen Verlags *Marietti*, und Bruno Musso, ein in gehobener Stellung in der Wirtschaft tätiger Laie.
Eine Kurzbiographie und ein Verzeichnis der Werke von Carlo Maria Martini bieten einen Überblick über Leben und Schaffen des meistgelesenen Autors Italiens, dessen deutschsprachige Werke im Verlag Neue Stadt eine Auflage von über 70.000 erreicht haben.

VERLAG NEUE STADT MÜNCHEN · ZÜRICH · WIEN

In der gleichen Reihe sind erschienen:

Joseph Kardinal Ratzinger / Christoph Schönborn

KLEINE HINFÜHRUNG ZUM KATECHISMUS DER KATHOLISCHEN KIRCHE

96 Seiten, kartoniert, ISBN 3-87996-312-6

Der „Katechismus der katholischen Kirche" steht erst am Anfang seines Weges. Sein Erscheinen hat weltweit herbe Kritik ausgelöst, aber auch große Zustimmung gefunden. In diesem Band legen Joseph Kardinal Ratzinger, der Präfekt der Glaubenskongregation, und Weihbischof Christoph Schönborn, der Redaktionssekretär des Katechismus, eine erste Lese- und Studienhilfe vor.
Aus dem Inhalt: Zur Vorgeschichte des Katechismus - Adressaten und Methode - Leitgedanken und Hauptthemen - Kurze Einführungen in die vier Teile des Katechismus

Piero Coda

JESUS VON NAZARETH
Die Geschichte einer Entdeckung

232 Seiten, gebunden, ISBN 3-87996-287-1

Schon die Zeitgenossen Jesu fragten sich: Wer ist dieser? Schritt für Schritt nähert sich Coda dem Mann aus Nazareth: Jesu Leben, seine Botschaft, sein dramatischer Tod, die Erfahrung einer neuen Begegnung mit ihm als Auferstandenem und die Reflexion der frühen Kirche verbinden sich zu einem großartigen Mosaik.
„Eine Christologie nicht nur für Theologen!" *(ferment)*
„Eine gelungene, leicht lesbare und verständliche Darstellung, die auch ‚Glaubensschwache' oder ‚Glaubenslose' neu an die Gestalt Jesu heranführen, mit ihm verbinden kann." *(Basis)*

VERLAG NEUE STADT MÜNCHEN · ZÜRICH · WIEN